관광,
빛을 보다

집착하지 않으니
세상이 넓어 보였습니다.

강원도 두메산골 평화의 댐 근처에서 태어나 줄곧 그곳에서 살았습니다. 어릴 적에는 도시에서 살고 싶다는 간절한 소망이 있었습니다. 고향과 가장 가까운 도시인 춘천으로 가는 버스만 보면 무작정 따라 뛰어갔습니다. 버스를 뒤쫓아 달리다 이내 주저앉았지만 그래도 기분은 좋았습니다. 내가 달린 거리만큼 꿈에 가까워지는 기분이 들었기 때문입니다. 이것이 어린 내게는 여행의 시작이었습니다.

배낭하나 달랑 메고 스페인을 여행하다, 세빌랴에서 더위를 먹고 길거리에 정신을 잃고 쓰러진 적이 있습니다. 하루 종일 굶어 배가 고파서 그랬는지 통닭 한 마리가 하늘에 둥둥 떠다니는데 내가 잡으려고만 하면 구름 속으로 사라지곤 했습니다. 아침에 눈을 떠보니 배낭은 사라지고, 얼음이 담긴 청량음료 그림이 그려져 있는 자판기를 부둥켜 앉고 쓰러져 있었습니다.

비록 몸은 어릴 적 춘천으로 가는 버스를 뒤쫓다 신작로에 쓰러졌던 것처럼 그렇게 길거리에 나뒹굴고 있었지만 정신은 점점 맑아지기 시작했습니다. 배낭을 잃어버려 수중에 가진 것이 없어 까만색 비닐봉지에 세면도구만 챙기고 집시처럼 스페인 곳곳을 돌아다녔습니다. 그러나 봉지 하나 달랑 들고 다닌 여행길에서 오히려 많은 것을 얻었습니다. 무엇인가 찾으려고 집착하지 않으니 세상이 넓어 보였습니다.

이 책은 지난 6년 동안 세계여행신문과 여행신문에 연재하였던 칼럼을 한곳에 담고 싶다는 욕망에서 시작되었습니다. 이 책을 엮으며 또 다시 그 무엇인가를 찾으려고 집착하는 자신의 모습을 발견하였습니다. 아마도 이 책은 무엇인

가 찾으려고 집착하지 말라는 의미의 주홍글씨로 내 마음
속에 남게 될 것입니다.

끝으로 이 책이 세상의 빛을 볼 수 있도록 이끌어주신 이서
원 출판사 식구들과 회사 걱정하지 말고 열심히 공부해서
꼭 박사과정 마치라고 응원해 주는 내일여행 식구들과 가
족들, 그리고 지난 6년 동안 좌충우돌하는 원고를 게재하
게 허락해 주신 세계여행신문 최강락 사장님, 처음 칼럼을
쓰도록 이끌어 주신 여행신문 한정훈 발행인님에게 감사의
마음을 전합니다.

내일여행 대표 이 진 석

관광,
빛을 보러
떠나는 것

그대 아직 꿈꾸고 있는가?

실리콘밸리 소재 한국의 IT산업 전진기지인 I-PARK에서 '한국 IT기업 생존전략'이라는 주제의 세미나에 참석할 기회가 생겼다. 여행업과 다른 분야라 가벼운 마음으로 참여했는데 이게 웬일인가. 세미나를 마치자 머리에 쥐가 나는 듯 했다. 한국의 IT산업과 여행업이 처한 현실이 놀랍도록 비슷했기 때문이다. 한국 IT산업을 원초적인 부분부터 적나라하게 파헤치는 I-PARK 원장의 특별 강좌를 듣고 있자니 한국 여행업이 처한 안타까운 현실이 새삼 떠올라 동병상련의 아픔을 느꼈다.

1만1,000여 개의 한국 IT기업 가운데 실리콘밸리에서 생존할 수 있는 기업은 기껏해야 50개 미만이라고 전문가들은 판단한다. 한국에서는 좋게 말하면 은근과 끈기의 민족정신 때문에, 실제는 대박 환상에 젖어 무작정 버티는 기업이 많아 미국에서보다는 생존율이 약간 높을 것으로 추정한다. 그러나 이들 기업들을 실리콘밸리라는 세계무대로 옮겨 놓으면 생존가능성은 약 0.5%정도라고 한다. 세계 최첨

한국의 기업들이 실패하는 중요한 요인 중 하나는

다음 단계next step에 대한 비전vision의 결핍 때문이라고 한다.

우리 여행업계의 비전은 무엇인가?

누가 'Next Step'의 문을 열 것인가?

단의 기술을 자랑하는 IT강국의 수준이 이 정도인 것이다.

한국의 IT기업들이 실패하는 여러 요인 중 가장 중요한 것은 다음 단계Next Step에 대한 비전Vision의 결핍이라고 한다. 빌게이츠는 기업의 미래에 대한 비전 제시자이지, 첨단 기술자가 아니라고 한다. 어쩌면 한낱 몽상가로 여겨질지도 모르지만 그의 천재성은 기업의 운명을 변화시키고 나아가서는 세계를 변화시켰다.

하지만 한국의 IT산업은 그 뿌리를 거슬러 올라가보면 삼성, SK, 한국통신 등 몇 개의 대기업에서 기술을 습득하고, 신기술을 개발하여 대박을 꿈꾸며 창업을 한다. 이들이 어느 정도 자리를 잡아갈 무렵 후배들은 과거 선배들이 그랬던 것처럼 비슷비슷한 아이템으로 또다시 창업을 한다. 이렇게 창업의 뿌리가 단지 몇 개의 나뭇가지에서 파생되다보니 기업의 내부 사정을 조금만 들여다보면 대체로 유사하다. 대부분의 기업들은 비전을 현실화 시켜줄 수 있는 Next Step으로의 전환 과정에서 발생한 절벽 틈새The Chasm로 빠져버린다는 것이다.

눈을 돌려 우리 여행업의 현실을 살펴보자. 한국의 여행업에는 마케팅이 없다. 그뿐만이 아니다. 우리 여행업에서는 경쟁사에 대한 과학적인 분석Competitive Analysis, 차별성Differentia-tions, 틈새시장 공략Identifying Penetration Segment, 제품 포지셔닝Product

Positioning, **가격정책**Market Driving Pricing , **교육**Training of Sales and Support Team , 고객과 직원에 대한 보상Incentive Management 시스템 등 과학적인 시장 공략법을 좀체 찾아볼 수가 없다.

　　한국 IT산업이 그렇듯이 대부분 여행사들도 과거 몇 개의 대형여행사에서 업무를 배워 창업을 한다. 그리고 그곳에서 배웠던 지식을 그대로 후배들에게 가르친다. 그 결과 대부분의 여행사에 과학적인 마케팅이 존재할리 만무하고, 덤핑위주의 신문 광고로 일간지 수익에만 공헌하고 있다. 선배들에게 배운 '값이 싸면 통한다'라는 유일무이한 전략으로 대박을 꿈꾸며 무작정 신문 광고 전쟁에만 덤벼드는 것이다. 그러다 부도가 나면 비슷비슷한 형태의 또 다른 회사가 생겨나고, 이들 역시 과거의 수법으로 고객을 유인하고 있다.

"매일 신문광고라는 마약을 먹고산다."는 업계 선배의 말이 생각난다. 과연 한국의 여행업계에 빌게이츠 같은 자가 나타날 수 없는가? 여행업계의 비전은 무엇인가? 누가 'Next Step'의 문을 열 것인가? 한국의 여행업계에 '삼성'같은 세계적인 브랜드의 여행사가 탄생할 수 없을까? 그대 아직 꿈꾸고 있다면 이 문을 여는 열쇠의 주인공이 될 수 있기를 두 손 모아 기도해 본다.

여행신문 2004년 2월 칼럼

트래블^{Travel} 과 트러블^{Trouble}, 차이는 전문화

'트래블은 트러블Travel is Trouble'
편안한 집을 떠나 새로운 세상에 도전하는 것은 이미 어느 정도의 불편함을 감내할 각오를 가지고 떠나는 것이리라. 동시에 미지에 대한 설렘과 경험은 여행에 참다운 기쁨을 제공한다. 그러나 자칫 다시는 경험하고 싶지않은 고통을 만나게 될 수도 있다. 낯선 곳에 홀로 던져졌을 때 일어날 수 있는 여러가지 가능성에 대하여 생각해보자.

오지 트레킹Trekking을 전문적으로 하는 사람들이나 미술, 건축, 환경 혹은 고고학 분야 등 특정 분야에 있어서 마니아 수준의 여행자들을 보통 '여행 전문인'이라고 부른다. 그러나 여행업계인들은 여행 전문인이기에 앞서 여행자들에게 여행을 만들어주는 '트래블 메이커Travel Maker'이다. 즉 고객들로 하여금 낯선 환경 속에서 편하게 여행을 즐길 수 있도록 돕는 역할을 수행한다. 또한 이익창출을 목적으로 하는 여행사 조직의 일원이기도 하다. 만약 수익 창출을 고려하지 않는다면 여행 동아리 활동과 다르지 않을 것이다.

비전문가집단이 고객들에게 여행을 만들어 준다면

잠님이 잠님의 손을 이끌고 대로를 활보하는 것과 무엇이 다를가?

상품이 전문가 집단에 의하여 만들어져 운영되고 있다고 믿는

소비자의 입장에서는 귀한 돈을 주고

고통의 시간을 구입하게 될 수도 있는 것이다.

그러나 만약 비전문가집단이 고객들에게 여행 상품을 만들어 준다면 장님이 장님의 손을 이끌고 대로를 활보하는 것과 무엇이 다를 것인가. 고객들은 여행사가 만든 여행 상품을 선택하는 순간 그 상품이 전문가 집단에 의하여 만들어져 운영되고 있다고 믿음으로 당연히 이윤을 추구할 권리가 생기는 것이다. 즉 고객은 비전문가 집단이 만든 여행 상품을 선택함으로써 여행이 오히려 고통이 될 수도 있는데, 그렇게 되면 소비자의 입장에서는 돈을 주고 고통의 시간을 구입한 셈이 되는 것이다.

얼마 전 관광업계 강연회에서 들은 다음의 내용은 나를 안타깝게 한다.
"여행업은 저임금을 기초로 한 노동집약적인 산업이다. 현재 여행사에서 겪고 있는 적자경영의 여러가지 원인 중 가장 큰 요인은 과당 경쟁으로 인한 덤핑 상품 판매로 수익이 감소하고, 최근 4~5년 동안 급격히 상승한 종업원 임금 인상에서 원인을 찾을 수 있다."

과거 여행업계인들은 전문가 집단으로서 대우를 받지 못했다. 이로 인하여 부가적으로 따라오는 저임금 노동구조는 생산성을 저하시키고 우수한 인력이 유입되는 길을 막는 악순환이 거듭되었다.

얼마 전 필자가 몸담고 있는 내일여행이 문화관광부의 지도 감사를 받았다. 이때 업무 흐름에 따른 부분별 상담 매뉴얼을 제시하자 타 회사에서 실시하고 있지 않은 좋은 사례라고 평가받았다.

우리가 여행업에 입문한 후 어떻게 업무를 습득했는지 생각해보자. 대부분의 경우 선배들로부터 구전으로 또는 귀동냥 눈동냥으로 업무를 배우게 된다. 선배들이 축척해 놓은 많은 노하우들이 단지 입으로만 전해지고 있는 현실인 것이다.

로마가 하루아침에 만들어지지 않았듯이 전문가 집단은 어느 날 갑자기 만들어지지 않는다. 수많은 시간동안 축적된 사람들의 경험과 지식들을 한 곳에 모은 매뉴얼을 만들고, 교육을 통해 이를 후배들에게 전달하고, 후배들이 진화시킨다면 여행업계도 전문가 집단으로 당당히 자리 잡을 수 있는 날이 올 것이다. 그럼으로써 여행사가 소비자들에게 '트러블 메이커'라는 부도덕한 집단으로 인식되기 보다는 좋은 여행을 만들어 주는 '트래블 메이커Travel Maker'로서 인식되고 대우받는 날이 올 것이다.

여행신문 2004년 3월 칼럼

순망치한의 동업자 정신

입술과 이빨의 관계처럼 떼려야 뗄 수 없는 밀접한 관계를 가리켜 순망치한脣亡齒寒이라고 한다. 우리 관광업계도 다른 업종과 마찬가지로 여러 개의 업종이 순망치한의 관계처럼 얽혀있다. 항공사, 여행사, 랜드사들이 상호 보완적 관계를 유지하며 각각 치열한 생존 경쟁을 벌이고 있는 것이다. 여행사는 항공사와 랜드사로부터 여행 상품의 원천이 되는 여행의 구성요소 항공권, 호텔, 가이드, 전용차량, 기차 패스 등를 구입하고 상품을 기획·가공하여 소비자들에게 공급해주는 유통시장 역할을 담당한다. 항공사는 이동에 필요한 교통수단을, 랜드사는 여행지에서 제공되는 서비스 부분을 여행사들에게 공급해 주는 생산자의 역할을 담당하고 있다.

과거에는 항공사, 랜드사, 여행사들의 상호 유기적 관계가 잘 형성되어 있었다. 그러나 최근 사회적 환경의 변화로 이런 순망치한의 유기적 관계가 곳곳에서 파괴되는 모습을 보게 된다. 이런 변화는 IMF 이후 각 기업의 재정난과 IT 산업 및 과학기술의 발전에 따른 유통환경의 변화, 사회적 환경 변화에 따른 각 조직 구성원들의 직업관, 가치관 등이 변한 것이 주된 이유라 할 수 있다. 또한 각 기업들은 IMF 이후 경영악화로 인하여 수단과 방법을 가리지 않는 야생의 먹이사슬 관계로 변하였다. '경쟁력 향상을 위한 유통구조의 단순화'라는 그럴듯한 비즈니스 용어로, 혹은 '갑 과 을'이라는 계약관계에 의한 힘의 논리로 이러한 생존 법칙은 점점 치열해 졌다.

항공사는 비어 있는 항공 좌석을 채우기 위한, 또는 수익성 있는 미래의 황금 노선확보를 위한 마케팅을 전개함으로서 여행사 및 경쟁 항공사와 우호적인 관계를 파괴시키는가 하면, 여행사들은 자사의 경영악화로 인한 자금난을 '우호적인 채무'라는 말로 덧씌워 채무를 한시적으로 정지시켜놓는 일들이 업계의 관행처럼 이어져 오고 있다.

여행사들은 여행 상품의 경쟁력을 확보하기 위하여 저가의 지상비를 요구하고, 랜드사들은 여행지에서 고객들에게 상품 원가와 기업의 이윤을 보전하기 위하여 쇼핑, 선택관광을 강요하는 등 비정상적인 방법으로 상품을 운영하였다. 결국 매스컴에 마치 여행업계가 비리의 온상으로 비춰지는 결과를 초래하였다.

최근 몇 년간 순망치한 관계에 있던 업계들의 상호관계 파괴로 인하여 얼마나 황폐화되고 있는가? 우리나라의 여행사, 랜드사 중에서 국제 경쟁력을 갖춘 회사는 과연 몇 개나 될까? 안타깝게도 최근 몇 년 사이에 경쟁력 있는 랜드사들은 모두 문을 닫고 소규모 수준의 랜드사만이 유지되고 있는 실정이다.

적정한 수익이 보장되는 기업 윤리 속에서 국제 경쟁력을 갖춘 항공사, 여행사, 랜드사들이 각각의 위치에서 최선을 다한다면 한국에서도 일본의 JTB같은 여행사가 생겨날 것을 확신한다.

인터넷의 발달로 각 항공사의 홈페이지에는 여행사보다 경쟁력 있는 항공권이 고객들에게 판매되고 있고, 랜드사들은 항공사와 직접 여행프로그램을 만들어 고객들에게 유통시키고 있다. 또한 여행사는 전세기를 이용하여 항공가격을 직접 결정하거나, 외국 항공사의 한국 판매 대리점을 운영하기 시작하였고, 일부 여행사들은 랜드사를 직접 운영하기도 한다.

현재는 미래 시장에 대한 불확실성으로 곳곳에서 기존 유통 질서의 파괴가 일어나는 변화의 시대이다. 과거의 유통 질서가 옳다고 주장하는 사람은 시대에 뒤쳐지는 어리석은 사람이다. 먹이사슬 구조에서는 한 개체군만 사라져도 나머지 생태계가 파괴된다. 변화의 시대에 순망치한의 동업자 정신이 절박하게 필요한 이유를 평범한 자연의 이치에서 찾아본다.

여행신문 2004년 4월 칼럼

여행사는 봉이야

전국민에게 통용되는 유행어 하나쯤은 있어야 인기있는 개그맨으로 인정받던 시절이 있었다. 개그맨 최양락의 "나는 봉이야~"라는 유행어는 한때 공전의 히트를 기록하며 오랫동안 회자되곤 했었다. 하지만 10여 년이 지난 요즈음 배꼽 잡으며 웃었던 이 유행어의 중심에 여행업이 있는 것은 아닌지 반문해 보게 된다.

먼저, 여행사가 봉이 될 수밖에 없는 몇 가지 사례를 살펴보자. 최근 여행의 중대한 하자로 인하여 해지된 경우 귀환 운송 시 추가비용을 모두 여행사가 부담하도록 민법 개정이 추진되고 있다고 한다. 이와 관련해 부담하는 비용 범위와 여행자의 고의적인 계약 해지로 인한 악용 방지의 어려움이 있어 한국일반여행업협회KATA는 관련 조항을 삭제해야 한다는 의견을 최근 법무부에 제출했다고 한다. 수천 번 박수를 보내고 싶은 마땅한 이의제기다. 더 나아가 기존의 표준약관 제14조(손해배상) 2항의 "여행업자는 항공기, 기차, 선박 등 교통기관의 연·발착 또는 교통체증 등으로 인해 여행자가 입은 손해를 배상해야 한다. 단, 여행업자가 고의 또는 과실이 없음을 입증한 때에는 그러하지 아니한다."라는 조항도 단연 수정될 수 있도록 우리 업계의 힘을 한 곳으로 모아야 한다.

도대체 어떻게 과실 없음을 입증하란 말인가? 관련 교통수단이 파업할 때 여행사에 사전 통지라도 한단 말인가? 교통체증이 사전에 예고하고 발생하는가?

연간 수백 건씩 발생하는 자동차 급발진 사건의 처리 경우를 살펴보면 사고 발생시 소비자가 자동차 급발진이라는 원인을 규명하지 못하면 자동차 회사에게는 면책이 주어진다. 자동차 사고는 소비자가, 교통수단 연발착 사고는 여행사가 관련 혐의 사실을 입증해야 하는 것이다. 이렇게 만인에게 평등한 법률 조항에서까지 두 업종간의 힘의 차이가 나는 것은 우리가 '봉'이기 때문은 아닐까? 사회 통념에 따른 도덕적인 책임은 당연히 여행사가 지겠지만, 관련 교통수단의 연발착과 교통체증에 대한 손해배상은 '고객의 안전과 서비스 유지'이외의 부분이므로 여행사에 책임을 지우는 것은 무리이다.

여행사가 '봉'인 또 다른 경우를 살펴보자. 정부에서는 기업이 투명한 매출 자료를 유지하고 이를 기초로 더욱 많은 세금을 거두기 위해 전국민을 상대로 신용카드사용을 권장하고 있다. 이로 인해 요즈음 대부분의 고객은 카드로 여행 경비를 결제하고 있다. 여행사도 투명한 세원 확보에 협조하는 것은 당연한 일이며 적극 환영할만한 일이다.

그러나 카드 수수료에 대한 여행사의 불이익을 들여다보면 시쳇말로 열불(?)이 난다. 소비자가 여행경비를 카드로 결제하면 여행사는 결제금액의 3.5~4%를 신용카드회사에 수수료로 지불해야한다. 카드사에서 밝히는 평균 수수료 2.25%와 비교했을 때 억울하기 짝이 없는 수치이다.

여행 상품의 비용은 크게 항공료와 지상비 그리고 여행사 알선수수료로 나뉜다. 소비자는 이것을 묶어서 한 번에 결제하게 되며 카드사는 자신들의 경상비와 영업 이익 그리고 결손처리 비용을 충당하기 위해 일정 요율의 수수료를 기업에 부과한다. 그런데 동일한 소비자가 결제한 카드금액에 대해 항공사에는 1%대의 수수료를 부과하고 여행사에게는 3.5~4%의 수수료를 부과한다. 동일한 소비자가 동일한 상품을 결제하는데 어디서 결제되느냐에 따라 수수료가 달라진다는 것은 이상하지 않은가? 여행사에서 결제하면 결손처리 비용이 증가하기라도 한단 말인가? 여행사들의 카드결제 비용도 만만치 않을 텐데 굳이 단위 여행사별 매출이 적다는 이유를 댄다면 국가나 신용카드사에서 여행사 전체를 위한 공동 결제 창구를 만들어주는 것이 어떨까? 여행사의 입장에서는 이러한 지원 정책이 관광진흥자금 지원보다 더 절박하다.

사실 요즘 여행사의 판매마진이 패키지 상품의 경우 연평

균 6% 내외라고 한다. 이 가운데 4%의 수수료라면 전체 수
익의 60~70%를 차지하게 되는데 차 떼고 포 떼고 장기 두
는 것과 무엇이 다른가? 여행사는 '봉'이 아니다. 문화 사업
자로서 우대받지 못하더라도 영세한 여행사에게 최소한의
불이익은 없어야 할 것이다.

여행신문 2004년 7월 칼럼

여행업과 지적 재산권

소비자들이 여행 상품을 비교검색 한 후 이구동성으로 하는 말이 '오십보백보'다. 수백 개 여행사들의 상품에 차별화가 없다는 의미이다. 대부분의 여행사들은 저마다 자기네 상품의 특별함을 자랑하지만 그 내용을 살펴보면 '노 팁-노 옵션' '특식 제공' '○○항공사 이용'과 같은 1차원적인 서비스 차별화 정도이다.

상품의 차별화가 특색이 없다보니 여행사들은 저가 정책으로 승부수를 띄운다. 월요일자 신문 광고를 통해 모집된 참가자들이 다음날 신문 광고에 등장한 더욱 저렴한 경쟁사의 동일 상품으로 대거 이동하는 사례들을 주위에서도 흔히 볼 수 있다. 이런 환경 속에서 여행사들은 덤핑 위주의 가격 정책으로 생존의 줄다리기를 지속하고 있다. 이는 그동안 많은 패키지 여행사들이 5년을 버티지 못하고 문을 닫게 만드는 요인이 되고 있다.

이러한 악순환이 계속되는 이유가 여행업이 지적 재산권의 보호를 받고 있지 못하기 때문은 아닐까 자문해 본다. 전문 여행사들이 '괜찮은'상품을 개발하면 대형 패키지업체나 경쟁사들이 다음 날 이를 모방하거나 복제하여 가격만 낮추어 시장에 출시한다. 싼 것만 찾는 소비자를 탓할 수도 없다. 상품의 뚜껑을 열어 살펴보면 내용물들이 모두 다 비슷비슷한데 굳이 비싼 상품을 선택할 이유가 없지 않은가? 그러니 비용을 들여 여행 상품을 개발하는 업체만 어리석게 돼 버리는 것이 지금의 현실이다.

여행업에서 소비자에게 인지되고 있는 지적 재산권은 '상표권'정도이다. 소위 브랜드가 잘 알려진 상위 업체만이 덜 알려진 2군 여행사와 비교해 상표권을 인정받아 약간 비싼 가격으로 상품을 출시할 수 있다. 2군 여행사에서 좋은 상품을 개발해 시장에 출시하면 상위 여행사들이 동일 상품을 출시하고, 상위 여행사들이 상품을 개발해 시장에 출시하면 2군 여행사들은 가격만 낮추어 시장에 곧바로 출시하는 악순환이 계속되고 있다.

이런 문제를 지적 재산권의 한 분야인 비즈니스 모델로 해결해보는 것은 어떨까 제안해본다. 현재 이와 비슷한 제도로 업계에서 시행하고 있는 '우수상품인증제'는 업체별 지적 재산권을 보호해줄 장치가 없다. 우수상품으로 인증된 상품 또한 그렇지 않은 상품과 차별화되지 않고 있다. 그래서 업계 내부나 시장에 잘 적용되지 못하고 있는 듯하다.
　정부나 협회에서 비즈니스 모델로 인정 할 수 있는 법

적 제도적 장치를 만들고 이 범주 안에 들어가는 새로운 상품이 개발되면 적어도 향후 몇 년 정도는 독점적으로 운영할 수 있는 권리를 부여하면 어떨까? 그렇다면 굳이 적은 수익 깎아가며 소비자를 현혹시키는 저가 상품을 시중에 내놓을 필요가 없을 것이다.

하지만 비즈니스 모델조차 여행업에 접목시키면 새로 개발된 여행 상품은 지적재산권을 보호 받을 수 없고, 이 상품을 판매하기 위해 필요한 여러 가지 도구들Internet Reservation Solution Program, 업체 혹은 고객과의 통신망 구축 시스템 등은 법의 보호를 받을 수 있다고 한다. 정작 중요한 상품 자체는 법의 보호를 받을 수 있는 어떤 장치도 존재하지 않는 것이다. 기존 산업사회의 지적 재산권에서도 여행업은 상품을 유통시키거나 표현하는 방법저작권, 상표권 등에만 지적 재산권이 존재하고 상품 자체에는 보호 장치가 없는 것이다.

이제 여행업도 당당히 산업으로 인정받으며 국민과 함께 성장하는 시대이다. 외적으로는 여행업이 좀 더 성숙한 모습으로 소비자들에게 다가갈 수 있도록, 내적으로는 우리 여행업 종사자들이 직업의 세계에서 소수자가 아닌 다수자로서 좀 더 당당하게 자부심을 갖고 일할 수 있도록 여러가지 제도적 장치를 지금부터라도 만들어 나가야 할 것이다.

여행신문 2004년 10월 칼럼

여행사人의 '기'를 살리자

'여행'이란 단어가 주는 정서적인 감흥이 커서일까? 여행업, 여행사 직원, 여행사인旅行社人이란 단어는 왠지 상업적인 색상이 더 짙게 느껴진다. 단어 그대로 여행사인은 여행이라는 문화적 상품을 구매하는 여행 참가자를 통해 수익을 창출하고 이를 통해 회사의 경상비용을 충당하며 각종 이익의 사회 환원 활동을 통해 사회 구성원으로 활동하게 된다. 굴뚝 없는 공장으로 불리는 관광레저 분야는 연간 수십 조 원의 부가가치를 창출해 일자리를 만들어내고, 많은 외화를 획득해 IT 산업군에 버금가는 사회적 역할을 수행하고 있는 것이다. 그러나 이런 외적인 화려함과는 달리 관광 종사자들의 피눈물 나는 노력이 제대로 인정받지 못하고 있는 것이 현실이다.

프란시스코 베이컨의 말 가운데 이런 글귀가 있다. "여행은 젊은 사람에게는 교육의 일부요, 나이든 사람에게는 경험의 일부이다. 지금 여행하려고 하는 나라의 말과 관습을 아직 모르고 있다면 그는 학교에 가는 것이지 여행을 떠나는 것은 아니다." 이러한 관점에서 본다면 여행업계 종사자들

회사의 경영인들은 여행업을 저임금을 바탕으로 한
노동 집약적 산업이 아닌 우수한 두뇌들을 바탕으로 한
첨단 서비스 시스템 산업으로 개선하고,
여행인들 스스로 자신의 가치를 재발견하고 개발할 수 있도록
합리적인 복지 혜택을 제공해야 할 것이다.

이야 말로 평생교육 선생님 역할을 담당하고 있는 것은 아닌가 반문해본다. 대다수의 국민들은 새로운 정보를 얻거나 특정 분야의 지식을 습득하고자 많은 강연회나 문화 강좌에 참석한다. 강의가 끝나면 강사에게 박수를 보내고 깍듯하게 인사를 한다. 그러나 평생 교육의 또 다른 장으로서 여행을 준비하고 만들어나가는 여행사 사람들에게는 아직도 많은 사람들이 곱지 않은 시선을 보내곤 한다. 그동안 언론에 보신관광, 덤핑관광, 쇼핑 강요, 선택관광 강요, 매춘관광 알선 등의 부정적인 역할을 하는 사람들로 비춰졌기 때문이다.

우리나라 관광 종사원이 2만 명을 상회한다고 한다. 직업의 특성상 외국과의 교류가 잦은 여행업 종사자들은 선진국 여행인들의 사회적 위치가 어떤지 너무나도 잘 알기 때문에 우리의 현실이 더 서글프게 와 닿는다. 로마시대에 의사는 사회적으로 그다지 대접받는 직업이 아니었다고 한다. 그러나 이들은 스스로 사회적으로 존경받는 신분을 만들기 위해 내부 정화운동부터 시작해 여러모로 부단한 노력을 했다고 한다.

여행인 '기' 살리기 운동을 해야 한다. 여행인들도 부정적인 이미지를 떨쳐 버리기 위해 이제부터 자정 노력을 시작해 보자. 먼저 주먹구구식으로 업무 처리를 할 것이 아니라 상품 기획 및 판매 매뉴얼을 만들어 시스템 영업을 한다. 아직 매뉴얼이 없다면 지금 하고 있는 업무의 매뉴얼을 만들어 후배 혹은 동료 직원에게 노하우를 전수해 주자. 업무의 노하우가 뭉쳐지면 전문인으로 가는 길이 한층 빨라진다.

두 번째는 고객을 대할 때 가족처럼 생각하도록 하자. 가족 여행을 준비한다고 생각하면 지금보다 훨씬 나은 서비스를 제공하지 않겠는가? 여행은 감성 비즈니스이다. 감동을 주는 서비스는 머리가 아니라 마음에서 시작된다.

또한 고객들에게 전문 직업인으로서 당당히 대우를 받기 위해 자기개발을 해야 한다. 회사의 경영인들은 여행업을 저임금을 바탕으로 한 노동 집약적 산업이 아닌 우수한 두뇌들을 바탕으로 한 첨단 서비스시스템 산업으로 개선하고, 여행인들 스스로 자신의 가치를 재발견하고 개발할 수 있도록 합리적인 복지 혜택을 제공해야 할 것이다.

타 업종에 비교해 뒤지는 임금으로 우수한 인적 자원을 확보 할 수 없다. 우수한 인적 자원이 여행업에 들어오지 않으면 빈곤의 악순환이라는 연결 고리는 결코 끊어지지 않을 것이다. 예를 들면, 현재의 글로벌 기업 삼성도 인재 제일의 인재 경영에서부터 출발했다고 한다. '수익이 많이 나야 급여를 올려 줄 것 아닌가?' 라는 생각은 이제 버리자! 경영인이 먼저 변하면 조직원들은 마음으로부터 변화가 시작된다.

여행인의 '기'가 살면 여행의 질이 변화되고, 빼앗겼던 고객의 마음도 우리에게 돌아온다. 고객의 마음이 움직이면 여행인에 대한 사회적 시선도 변한다. 또한 후배들에게 부끄럽지 않은, 좀 더 나은 여행인의 모습을 물려줄 수 있을 것이다.

여행신문 2005년 3월 칼럼

여행업과 블루오션 전략

요즈음 기업 경영의 최고 화두로 블루오션 전략^{Blue Ocean Strategy}이 대기업, 중소기업을 불문하고 회자되고 있다. 우리 여행업계에서도 전인미답의 시장을 개척하고, 경쟁에서 벗어나 성공하기 위한 전략의 하나로 김위찬 교수와 R,Mauborgne 교수가 제시한 블루오션 전략이 이미 여행 자유화 이후부터 꾸준히 존재하고 있었다. 하지만 생존 경쟁에서 살아남기 위하여 혹은 더 큰 회사로 성장하기 위하여 시도된 블루오션 전략이 여행업에서는 경영진이 뷰티 퀸 신드롬^{Beauty Queen Syndrome}에 허우적거리거나, 제도적 장치 부족으로 아주 빠르게 레드오션^{Red Ocean}지역으로 이동하는 모습을 보이기도 한다.

최근 여행사의 분류를 흔히 패키지 여행사와 전문 여행사로 나눈다. 패키지 시장이 레드오션 지역이라면 전문 여행 상품은 비교적 블루오션에 해당한다. 하지만 이러한 전문 여행사들이 새롭게 창출해놓은 '자신만의 블루오션'을 지키지 못하고 유혈 경쟁관계에 놓이면서 결국 레드오션으로 추락한다. 블루오션 전략으로 소위 말하는 '대박'을 쳤다면 이후에는 성장 동력이나 시스템을 정비해 경쟁자들이 진입하지 못하도록 틈새를 벌려 놓아야 한다. 그러나 경쟁자를 이기는데 집중하느라 '구매자와 회사를 위한 가치 도약을 이룰 수 있는 비경쟁 시장 공간을 창출함으로서 경쟁 자체에서 벗어나야 한다'는 블루오션의 기본 가치를 잊어버리고만 것이다. 과거 대부분의 블루오션에 속해 있던 전문 여행사들은 아이디어로만 승부를 걸었다. 아이디어만으로도 돈을 벌 수 있는 아이템은 곳곳에 산재해 있다. 그러나 아이디어만으로 꾸준히 시장을 장악하기는 쉽지 않다. 과거 많은 전문 여행사들은 아이디어로 대박을 터뜨린 후 다음 단계로 전환하지 못하고 전환과정에서 발생한 절벽 사이 틈새The Chasm로 추락한다. 이 틈새로 대형여행사나 경쟁사들의 진입을 허락하게 되고, 곧 레드오션으로 전락하는 시장 순환체계Market Cycle에 순순히 승복하고 마는 것이다.

여행 자유화 이후 지난 20여 년 동안 상위 30위 이내 업체의 5년 생존 확률이 50% 미만일 정도이니 여행업에 있어서 시장경쟁의 심각성을 실감하게 된다. 그러나 바꾸어 생각해 보면 몇 가지 번뜩이는 아이디어만 있으며 쉽고, 빠르게 진입이 가능한 것도 여행업이 갖는 특성중 하나이다.

여행업의 블루오션 전략은 시대별 변화를 보인다. 여행 자유화 이후 블루오션 전략으로 시장에 대박을 터뜨린 사례를 찾아보자. 아마도 블루오션 전략 최초의 대박은 서울항공의 '유레일패스'일 것이다. 자유화 이후 10년 이상 독점적 공급 체제를 유지하면서 많은 수익을 창출한 블루오션의 모범 사례이다. 그러나 최근 4~5개의 공급처가 시장에 진입하면서 독점공급 체계가 무너져 사활을 건 시장 쟁탈전이 벌어지는 레드오션으로 분류되고 있다.

블루오션 전략의 두 번째 사례는 탑항공이다. 대부분의 대형여행사들이 레드오션의 대표적 마켓인 패키지여행 시장에 과거 15년 동안 엄청난 광고비를 지출하며 이전투구하고 있을 때, 탑항공은 패키지 시장의 전체 크기가 내국인 출국자 수의 20%미만임을 간파하고 나머지 더 큰 시장 ^{항공권 시장}에 유유히 그물을 던짐으로써 새로운 시장 공간을 창출할 수 있었다. 이러한 탑항공의 전략은 블루오션 전략의 백미라고 할 수 있다. 금상첨화로 탑항공은 '나만의 블루오션'을 지속시키기 위해 규모의 경제를 실현하여 경쟁업체의 진입장벽을 높이고 '나만의 블루오션 마니아'층을 두텁게 형성해 지속적인 성장 동력을 갖추는 등 블루오션 전략의 교과서적 모범 사례로써 부족함이 없는 모습을 보이고 있다.

그러나 호수위에 한가롭게 떠 있는 백조의 모습을 본적이 있는가? 이제는 맨체스터 유나이티드 클럽 소속이 된 박지성 선수의 발톱을 본 적 있는가? 천사의 얼굴을 한 발레리나 강수진의 발가락을 본적이 있는가? 이들 모두 '움직이는 블루오션'을 지키고 경쟁사의 진입 장벽을 높이기 위해 물밑에서 혹은 차가운 마룻바닥 위에서 엄청난 고통이 뒤따라오는 훈련과 맹연습을 주저하지 않았다는 사실에 주목하자.

여행신문 2005년 7월 칼럼

2010년 여행업과 서비스 투어리즘

"미래란 모르는 자에게는 두려움이고 아는 자에게는 즐거움이다. 시간이 정지하지 않는 한 진정한 현재는 없다. 우리가 현재라고 인식하는 것들은 쉴 새 없이 과거로 흘러간다."

2005년 LG 경제연구원에서 펴낸 '2010년 대한민국 트렌드'의 서문에서 발췌한 내용이다. 향후 10년 동안 한국이 어떤 변화를 맞게 될지 미래의 모습을 예견해 보는 것은 불확실성의 시대를 살아가는 우리에게 등대와도 같은 역할을 할 것이다. 지금 한국 사회는 불황의 장기화, 높은 실업률, 급속도로 진행되는 고령화로 인해 불확실성이 한층 더 가중되고 있다. 그러나 불확실한 세상에서도 변화의 단초는 있다. 그 변화를 남들보다 먼저 파악하고 미리 대응하는 자가 미래의 승자가 될 것이다.

국내 대표적인 민간경제 연구소인 LG 경제연구원의 90여 명의 석학들이 난상토론을 거쳐 엄선한 71가지의 트렌드는 전문가적 분석과 정확한 데이터를 바탕으로 가장 근접한 미래의 모습을 예견해 놓았다. 이 트렌드 중 여행업과 관련한 분석과 진단을 통해 한발 앞서 미래를 준비해 보자.

트렌드^{Trend}란 논리적, 추세적으로 가까운 시일에 나타날 것이 유력한 현상을 뜻한다. 여기서 '유력하다'는 것은 뒤집어 애기하면 그렇지 않을 수도 있다는 뜻이다. 그래서 정밀한 과학적 분석 도구를 갖추지 못했던 과거에는 미래에 대한 잘못된 억측과 근거없는 전망이 대중들을 현혹시키고, 사회를 혼란에 빠뜨리게 했다. 이러한 트렌드의 혼동 속에서 정확하게 소비의 트렌드를 알고, 소비자의 마인드를 읽는 자가 미래를 지배하게 될 것이다.

그렇다면 투어리즘에 대한 소비자들의 트렌드는 어떻게 변화하고, 또 여행업계는 어떻게 그 변화에 대처해야할까? 전문가들은 '최고를 찾아 떠나는 소비자들의 서비스 투어리즘'을 예견하고 있다. 의료 · 교육 · 관광 등 해외에서의 서비스 쇼핑이 점차 사회 전반으로 확산되면서 단순히 '보는' 관광의 차원에서 벗어나 해외에서 특별한 체험을 '겪는' 관광의 시대가 도래하는 것이다.

현재 우리 여행업계에서 운영하고 있는 대부분의 프로그램은 단순 관광^{Sighting}차원에 머물러 있다. 대표적인 상품이 패키지여행이며 이것이 여행 상품의 주류를 이루고 있다. 몇 년 전부터 개발되기 시작하던 테마 여행도 다소 주춤거리는 양상이다. 최근 FIT^{Foreign Independent Tour}여행이 활황을 누리고 있으나 이 역시 목적여행, 테마여행 시장에 진입하기 위한 여행 형태 변화의 과도기적 양상에 불과하다. 경

불확실한 세상에서도 변화의 단초는 있다.

그 변화를 남들보다 먼저 파악하고

미리 대응하는 자가 미래의 승자가 될 것이다.

제 성장으로 높아진 소득만큼이나 소비자들의 문화 욕구는 높아지고 다양한 경험을 필요하게 된다. 이런 욕구 변화 현상은 비단 한국뿐만 아니라 세계적인 추세라고 한다. 최고를 찾아 떠나는 소비자들에게 단체 관광이라는 여행 형태를 제공한다는 것은 어불성설이다. 지금은 해외이민 상품이 홈쇼핑 채널에서 대박을 터뜨리는 시대가 아닌가?

연구원들은 향후 한국의 서비스 투어리즘 부분에서 가장 활성화 될 것으로 예측되는 분야를 교육과 의료, 체험관광으로 꼽고 있다. 일부 고소득층 자녀들의 조기유학은 한 해 1만 명 선을 넘었다. 이들이 선발대였다면 이제는 중산층이 단기연수·단기전학 등으로 '본대'를 꾸리고 있다. 우리나라 부모들의 열성적인 교육열을 동력삼아 중·고가의 다양한 상품을 개발하면 교육 서비스를 위한 단기 여행이 더욱 성행할 것이다. 또한 30~40대의 동남아 골프 원정은 물론 최근 젊은 세대 사이에서는 스킨스쿠버, 스키, 번지점프, 패러글라이딩 등 해외에서 즐기는 레저 상품이 인기다. 조만간 대학가에서도 배낭여행과 더불어 스릴과 모험을 즐기는 익스트림Extreme 스포츠 투어가 유행할 것이다. 의료 분야 투어

의료·교육·관광 등 해외에서의 서비스 쇼핑이

점차 사회 전반으로 확산되면서

단순히 '보는' 관광의 차원에서 벗어나

해외에서 특별한 체험을 '겪는' 관광의 시대가 도래할 것이다.

리즘도 예외는 아니다. 소비자의 의식이 바뀌고, 해외 유명 의료기관이 공격적인 마케팅을 벌이고 있는 의료 분야는 교육에 이은 제2의 히트 상품이 될 전망이다. 죽어가는 환자가 충분한 정보력을 바탕으로 한 질 높은 의료 서비스를 받기 위하여 해외로 나가는 것에 비용을 아끼겠는가? 의료 분야 서비스 투어리즘의 잠재력이 엄청나다는 얘기다.

소비자들의 욕구는 첨차 높아지고 있다. 현재가 아닌 10년 후 우리 여행업의 변화에 대비하자. 컴퓨터가 일부 사람들만 이용하는 첨단기기에서 생활 가전제품으로 자리 잡는데 10년이 채 안 걸린 것을 우리 눈으로 목격하지 않았는가?

세계여행신문 2005년 10월 칼럼

시장을 리드하는 안목

'불확실성의 시대'를 예견했던 미래학자 앨빈 토플러의 말처럼 세상은 빠른 속도로 변화하고 있다. 불과 몇 년 전만해도 상상조차 할 수 없었던 모습으로 변했고, 지금 이 시간에도 변화는 계속되고 있다. 이제 100인100색의 고객 니즈는 물론이고 얼마나 정확하게 시장의 트렌드를 파악하고있는가, 고객의 마음을 사로잡는 히트 상품, 히트 브랜드를만들어 낼 수 있는가에 따라 기업의 성패가 달라지기도 한다. LG경제연구원에서 발표했던 '히트상품의 성공학'이라는 보고서에는 5가지 포인트를 제시하고 있다.

1. 트렌드를 쫓아가서는 안 되며,
   트렌드를 미리 선점하는 '트렌드헌터'가 돼야 한다.
2. 기존 제품에 대한 고정관념을 버리고
   백지에서 시작할수록 좋다.
3. 소비자의 물리적, 감성적, 정신적 체험을
   가장 중요시해야 한다.
4. 히트상품은 타이밍의 미학이다.
5. 아이디어 신상품이 주류시장에 진입하기 위해서는

적절한 디딤돌을 만들어야 한다.

결국 히트상품의 포인트는 유행의 흐름을 빠르게 파악하고, 고객과 경쟁사보다 앞서가는 것이다. 그 타이밍을 놓친 순간 시장은 이미 선점한 상품에 의해 주도된다.

소비자의 트렌드에 빠르게 반응하며 시장을 이끄는 백화점이나 대형 유통업체들의 경우 소비자보다 한 시즌을 앞서간다. 이들은 금년 배추 파동을 예견하고 이미 여름철에 산지에서 배추를 입도선매하여 가을철에 경쟁적으로 출하시키고 있다. 또한 한 발 더 나아가 배추를 자사의 미끼상품으로 선정하여 아주 저렴한 값에 배추를 내놓고 소비자들의 발길을 끌어 매출을 늘리고 있다. 상품 개발, 디스플레이, 이벤트를 담당한 직원들은 소비자의 마음을 빼앗기 위해 이미 한 시즌을 앞서 살며 소비자를 리드해 간다.

누구든 앞을 내다보지 못하면 뒤처질 수밖에 없다. 변화를 주도하기 위해선 시장의 트렌드를 정확히 분석하고 미래를 예측하는 선견지명이 필요하다. 시대의 흐름을 정확히 읽을 줄 알고 시장을 리드하는 눈이 히트 상품을 결정짓는 데 큰 몫을 한다. 이를 위해서 과거의 소비 트렌드를 잘 분석해 볼 필요가 있다. 과거부터 현재까지의 트렌드의 변화는 가까운 미래의 트렌드를 가늠할 수 있는 중요한 요인이 된다.

여행 상품에 있어서도 이 법칙은 유효하다. 연중 예측 가능한 상품 출하시기를 조절함으로써 소비자들의 여행 시기를 리드해 간다면 시장은 분명 확대될 수 있다. 현재 국내 여행 시장은 3개월 후의 상품을 출시하는데도 어려움을 겪고 있다. 그것은 항공요금 출시 시기가 보통 2~3개월 전에 이루어지고, 날짜별, 요일별 체계가 정확하지 않기 때문이다. 이로 인해 지금도 비수기에 전화통만 바라보고 있다는 여행사들이 적지 않다. 그러나 항공사, 여행사, 랜드사들이 윈윈 전략으로 연중 성수기, 비수기를 소비자들이 정확히 인지 할 수 있도록 시장을 리드해 나간다면 고품질의 저렴한 가격을 원하는 소비자들을 비수기로 유도할 수 있다. 이렇게 되면 시장은 소비층이 두터워져서 성수기와 비수기에도 꾸준한 수요를 확보할 수 있게 된다.

요즈음 대형 여행사마다 비수기 하드블록으로 인하여 많은 고통(?)을 겪고 있다. 여행사와 소비자간 수요 및 공급에 대한 상호 예측의 불균형에서 기인한다고 볼 수 있다. 소비자가 저렴한 비용으로 여행할 수 있는 시기를 좀 더 정확하게 예측 할 수 있는 시스템이 가동된다면 이런 고통(?)이 조금은 줄어들지 않을까?

여행사가 매출 증진을 위해 투자하고 있는 마케팅 툴에 있어서도 이것은 예외가 아니다. 고객을 제대로 읽지 못하는 이벤트, 광고 등은 소비자에게 외면당하는 것은 물론 기업의 부실을 초래하기 마련이다. 전략적인 접근으로 마케팅 툴을 개발하여 성과를 올리고 있는 여행사도 있지만 아직까지도 단순히 신문광고에 의존하는 아날로그식 마인드를 가진 여행사도 있다. 요즘 여행업계에 유행처럼 번지는 오버추어 광고도 따라하기식 신문광고 형태와 다를 바 없다. 오버추어 광고에 대한 의존성이 높아지면서 일부 키워드의 경우에는 1회 클릭시 2~3천원까지 가격이 올랐다. 소비자의 마음을 사는 것이 아니라, 소비자의 돈을 사게 되는 것이다. 결국 막대한 광고비의 지급으로 인해 상품의 질은 떨어지고, 한 번 억대 광고에 수혈된 피는 계속 수혈하지 않으면 더 이상 기업이 생존할 수 없는 상황으로 치닫게 되어 끝내 비용 부담에 의해 자멸하고 만다. 소비자의 필요를 리드하고 다양성 확보를 통해 소비자의 마음을 사로잡는 마케팅 툴의 개발이 절실하다.

세계여행신문 2005년 12월 칼럼

외환은행 매각 사태를 지켜보며…

외환은행 매각 차익으로 론스타 그룹이 3년 동안에 투자비
용의 3배에 달하는 4조 6천억 원이라는 천문학적인 이득을
취하여 언론이나 각종 단체에서 이슈가 되었다. 전년도 매
출액 기준 국내 기업 2위였던 현대자동차의 5만여 임직원
이 한 해 동안 벌어들인 돈이 1조를 조금 넘는다고 하니 이
돈의 부피가 새삼 커 보인다. 하지만 3년 전 론스타 자본이
은행을 매입 할 당시 많은 사람들이 자본의 성격이나 과거
전력을 근거로 이런 결과가 있을 것이라는 예측을 한 것으
로 기억하고 있다. 하지만 눈앞의 작은 어려움을 피하기 위
하여 혹은 당장 살아남기 위하여 무모한 선택을 감행한 결
과 엄청난 규모의 국부가 유출된 것이다. 촌놈이 서울 올라
가면 눈 뜨고도 코 베어 간다는 우스갯소리가 있다.

이번 일로 혹시 나도 촌놈 행색하고 있는 것은 아닌지 걱정
되어 주변을 살펴본다. 과거 20여 년 동안 최근처럼 여행업
의 구조적인 문제가 지속적인 화두로 대두 된 적이 없었다.
그만큼 사태가 심각하고 빠르게 진행되고 있다는 반증이
다. 사실 하드블록, 부익부 빈익빈, 대형화 같은 문제는 한

몸에 묶여 있는 '뫼비우스의 띠'와 같다. 이들의 상호 연결 작용으로 약육강식이라는 정글의 법칙에 따라 이것을 행사하는 기업들은 먹이사슬의 맨 위에 설 수 있게 된다. 하지만 여행업은 다른 분야와 달리 재미있는 순환 고리가 발생하고 있는 것 같다. 소규모 기업들이 일부 기업의 대형화를 위한 엔진 역할을 자임하고 있는 것이다. 소규모 기업들이 힘을 뭉쳐 어려운 난관을 뚫고 나가기보다는 대형화된 여행사에 고객을 위탁해서 알선수수료 챙기기에 급급하다. 눈앞의 작은 이익을 위해 시장에서 자기 존재를 스스로 퇴출시키고 있는 것이다.

최근 우리나라 여행업계는 몇몇 대형여행사들의 간판들로 빠르게 교체되고 있다. 대형여행사들은 중소여행사들의 노력으로 성장하였고, 점점 더 대형화되고 있다. 하지만 이렇게 성장한 대형여행사들로 인해 규모가 작은 여행사들은 설 자리를 잃게 된다. 과거의 고객들은 더 이상 나의 고객이 아니다. 대형화된 기업에 고객들을 빼앗겨 버린지 오래다. 대형화된 기업은 더욱 몸집을 부풀리는데 바빠 작은 여행사들의 고충이 눈에 들어오지 않는다. 이들의 관심은 외부 자본이나 그동안 모은 자본으로 항공 좌석을 입도선매하는 하드블록 방식으로 중소여행사의 좌석 확보 기회를 원천 봉쇄하고, 전세기를 이용하여 시장 전체를 통째로 지배하는 것뿐이다.

대형화된 기업은 그 자리에 도달하기까지 힘께 고민하고 노력한
작은 기업들이 느낄 상대적 빈곤감을 생각하여
그들에게도 결실을 공유 할 수 있는 여러가지 프로그램을
운영하는 것이 기본 도리가 아닐까?

전문여행사들은 전문여행사끼리 상생을 위하여 협력하기
보다는 도태시켜야 할 경쟁자로만 몰아가고 있다. 자신들
이 운영하는 여행 상품에 인원이 부족하여 출발하지 못하
면 전문여행사끼리 서로 협조하여 단체를 출발시키려는 노
력은 하지 않고, 비슷한 상품을 운영하는 대형여행사에 고
객을 넘겨주는 대형여행사의 대리점 역할을 함으로써 스스
로 격을 낮추어 가고 있다. 나무만 보고 숲을 보지 못하는
것과 무엇이 다른가? 토끼가 여우를 피하려고 사자에게 자
기 밥을 넘겨주는 것과 무엇이 다른가?

재벌기업이 있다고 중소기업이 다 죽으라는 법은 없다. 여
행업 분야에도 대형여행사가 존재한다면 중소여행사도 공
존하기 마련이다. 일부 기업들의 대형화가 진행되거나 외
국 여행기업들이 한국에 진출하면 이 업계 전체가 경천동
지 할 것이라고 염려하는 것은 기우가 아닐까? 론스타 자
본에 외환은행을 넘겨주고 3년이 지난 지금 땅을 치고 후
회하듯이 우리 여행업도 이 같은 우를 범하고 있지 않은지
꼼꼼하게 따져보자.

반대로 내가 속한 기업이 시장 지배적 위치에 있는 대형화
된 기업이라면 그 자리에 도달하기까지 함께 고민하고 노
력한 작은 기업들이 느낄 상대적 빈곤감을 생각하여 그들
에게도 결실을 공유할 수 있는 여러가지 프로그램을 운영

하는 것이 기본 도리가 아닐까 생각해본다. 바야흐로 대형
화된 여행사의 자성과 노력이 절실히 필요한 시기다.

세계여행신문 2006년 4월 칼럼

리딩브랜드의 장점은 트렌드 창출과 확신

개별여행의 또 다른 이름 '내일' 그리고 이진석

우리나라 배낭여행 시장의 60%를 점유하고 있는 내일여행. 1995년 현재의 이진석 사장과 몇몇 지인들이 주머니를 털어 만든 이 회사는 IMF를 겪었던 1998년부터 두각을 나타내기 시작해 지금까지 한 번도 적자를 내지 않았다고 한다. 지난 2005년 3월 첫 선을 보인 개별 자유여행 브랜드 '금까기-금요일에 가출하기'는 어느덧 한국 FIT(Foreign Independent Tour:개별여행) 시장의 명품 브랜드로 자리 잡았다.

'내일'이라는 이름으로

왜 '내일'일까. 여행사 이름으로는 어딘지 모르게 낯설다. 보통 회사 이름을 지을 때면 그 회사의 업종을 알 수 있는 말이 들어가게 마련이지만 이진석 사장이 이끄는 내일여행 직원들의 명함에는 '여행사'라는 말이 빠져 있다. 대신 '여행을 창조하는'이라는 단어가 '내일'이라는 회사명 위에 적혀 있을 뿐. 이진석 사장은 원래 법인명에도 여행이라는 단어를 사용하지 않을 계획이었다고 한다. 그냥 '내일'이면 그 뿐. 그러나 법인명으로는 적합하지 않다는 의견들 때문에 어쩔 수 없이 뒤에 '여행'이라는 단어를 붙였다고 한다.

대외적으로는 '미래에 대한 비전' 정도의 의미를 담고 있다고 설명하지만, 속뜻은 '나의 일'이라는 의미를 갖고 있다고 한다. 이진석 사장은 물론, 직원들 모두 회사의 일을 나의 일처럼 생각하고, '나만이 할 수 있는 일'을 하자는 의미다. '나만이 할 수 있는 일'이라는 의미에서의 '내일'이라는 이름은 '누구나 할 수 있는 것은 하지 말자'라는 내일여행의 모토와도 일맥상통한데, 이는 배낭여행 1세대로 통하는 이진석 사장의 지금까지의 이력과도 궤를 같이 한다. 1980년대 말 처음 여행업계에 들어와서 회사를 한 번 옮기고 1995년 내일여행을 설립해 지금까지 20년 가까운 시간 동안 이 사장은 누군가가 만들어 놓은 상품을 팔아본 적이 없다고 자신한다. 내일여행이 내놓은 배낭여행 상품들은 다른 여행사에서는 볼 수 없는 독특함과 다양함이 있다.

'금까기' 브랜드 아래 160개의 배낭여행 상품이 나와 있으니 만들 수 있는 것은 다 만들었다고 해도 과장이 아닐 것이다.

잠시 머물다 갈 곳이라 생각했던
사실 이진석 사장의 꿈은 많은 이들이 그렇듯 여행사 사장이 아니었다. 잘 알려진 것처럼 영문학과 출신인 이 사장은 문학을 하는 것이 꿈이었다. 대학시절 영문과를 다녔지만 국문학과나 사학과 학생들과 어울려 다니는 일이 많았고, 국문과 교수들과 더 친했다. 군복무를 하기 전까지 문학동아리에서 밤을 새워가며 토론과 학습에 열중하기도 했다. 이는 암울했던 시절, 문학을 통해 세상을 바꿀 수는 없었지만 자신에 대한 만족감을 느낄 수 있었다고 한다.

그러나 문학에 대한 열정은 현실의 벽을 넘지 못했다. 군복무를 마치면서 방송사 PD로 인생의 목표가 바뀐 것. 젊은 이진석이 보기에는 방송사 PD가 현실적으로나 미래의 비전으로나 가장 자신에게 잘 어울리는 것 같았기 때문이다.

그러나 이 목표도 역시 이 사장의 현실은 아니었는지 번번이 시험에 떨어지면서 취업 재수를 할 수밖에 없었다. 그러던 중 한 6개월 정도 아르바이트를 해보자 해서 들어간 곳이 당시 최고의 여행사로 꼽히던 서울항공이었다.

우리나라 배낭여행의 역사는 이진석 사장의 여행史라고 해도 과언이 아니다. 이 사장이 서울항공에 입사하고 개발한 첫 작품은 어학연수 상품이었다. 당시만 해도 어학연수 프로그램은 유학원의 전유물이었지 여행사에서는 전혀 취급을 하지 않았던 시절이었다. 그 결과는 '대박'이었다.

그리고 그해 겨울 출시한 그의 두 번째 작품, 배낭여행 상품. 물론 비슷한 형태의 여행문화가 없었던 것은 아니다. 문화여행이라는 이름으로 불리던 상품들이 많이 나와 있었지만 지금과는 달리 일반인들이 아닌 선택받은 몇몇 부유한 대학생들만을 위해 존재한 프로그램이었을 뿐. 물론 두 번째 작품 역시 대박이었다.

모으려 하지 말고 만족시켜라

'모으려 하지 말고 만족시켜라'. 내일여행의 또 다른 신조다. 내일여행은 다른 여행사 직원들과 달리 고객을 모으려 하지 않는다. 그러니까 직원들에게 장사를 하라고 시키지 않는 것이다. 그 시간에 차라리 고객이 어떻게 여행을 잘 할 수 있을지, 어떻게 고객을 만족시켜 줄 것인지를 고민하라고 주문한다.

이런 신념은 내일여행이 지난 10여 년간 쌓아온 내공, '자신감'에서 비롯된다. FIT 여행을 제대로 하고 싶은 이들은 직원들이 애써 호객행위를 하지 않더라도 내일여행으로 올 것이라는 자신감이다. 리딩 브랜드가 갖는 자부심이라고 할까. 10여년에 걸쳐 쌓아 온 풍부한 콘텐츠와 직원들의 노하우, 이를 하나로 묶어 주는 시스템 덕분이다.

내일여행이 '금까기'라는 브랜드로 내놓은 160개가 넘는 개별 자유여행 상품에는 20페이지가 넘는 세부자료들이 첨부된다. 보통 패키지 여행사에서 내놓은 상품들이 고작 메인상품 설명과 한 두 장의 자료가 첨부되는 것을 감안하면 엄청난 정보의 양이다. 이처럼 풍부한 정보를 갖고 상품을 개발할 수 있었던 비결은 "전국의 여행사들 중에서 내일여행 직원들만큼 상품개발을 위해 해외출장을 많이 나가는 여행사도 없을 것"이라는 이 사장의 한마디로 요약된다.

이 사장은 "풍부한 콘텐츠와 직원들의 노하우 그리고 시스템, 이 세 가지는 우리에게는 자신감의 원천이지만, 다른 여행사(패키지든 FIT든)에게는 감히 내일여행을 따라올 수 없는 진입장벽이 된다"며 "수많은 유사 상품들이 많은 여행사에서 나왔음에도 결국은 내일여행의 상품만이 남게 되는 이유"라고 말했다.

직원들을 위한, 직원들에 의한

내일여행은 1998년부터 지난해까지 10년 연속 흑자를, 그 것도 큰 폭의 흑자를 기록한 여행업계에서는 보기 드문 기업이다. 오직 개별 자유여행만을 전문으로 하는 여행사가 이처럼 큰 폭의 흑자를 기록할 수 있었던 이유는 이진석 사장의 독특한 경영방식과 정확한 미래 시장 예측에 기인한다.

이 사장은 "창업하기 전 근무

했던 두 곳의 회사를 배낭여행 분야에서 1위 여행사로 만들어 회사는 돈을 많이 벌었지만 직원들은 여전히 가난했다”고 회상했다. 그래서 직접 ‘회사가 돈을 버는 만큼 직원들도 벌 수 있는 회사’, 내일여행을 탄생시켰다.

내일여행은 독특한 경영방식을 도입했는데, 당시 유행했던 중남미식의 ‘종업원 주주제’였다. 종업원 모두가 경영자라는 생각에서 기인한 경영방식이다. 무엇보다 내일여행의 숨은 뜻인 ‘나의 일’과 맥이 통하는 방식이기도 하다. 이진석 사장은 “IMF 등을 거치면서 회사가 위기에 몰렸을 때 종업원 주주제를 포기할 수밖에 없었지만 이 정신만큼은 아직 살아 있다”며 “앞으로 1, 2년 안에 대부분의 주식이 직원들에게 돌아가고 대주주는 없어질 것”이라고 말했다.

1990년 대 말부터 서서히 고개를 들기 시작한 ‘개별여행’이라는 단어는 2007년 여행업계 최대 화두가 됐다. 그럼에도 불구하고 아직까지 개별여행상품으로 수익을 낼 수 있는 회사는 몇 개 되지 않는다. 대부분 개별여행이 뜬다고 하니까 별다른 준비 없이 무작정 뛰어들었기 때문이다. 이진석 사장은 “내일여행의 개별여행 브랜드 ‘금까기’는 준비 기간만 3년이 걸린 역작임에도 처음 출시 당시 직원들조차 확신을 못했던 상품”이라며 “금까기의 성공은 개별여행상품도 준비만 잘하면 충분히 수익으로 이어질 수 있다는 것을 증명한 것”이라고 말했다. 이진석 사장의 시장 예측력을 잘 보여주는 예이다. 또한 이 사장은 아직도 개발해 놓은 상품들 중에 시장에 선보이지 않은 것들이 많으나 이 상품들이 세상 빛을 볼 수 있을지 장담할 수 없다고 한다. 이 사장은 “리딩 브랜드의 장점은 미래의 트렌드를 이끌어 가는 것”이라고 말한다. 이는 미래시장의 방향에 대한 예측의 정확성을 의미하기도 하고, 또 미래 시장을 창조해 낸다는 의미이기도 하다.

“지금 상품들이 너무 잘되고 있는데 굳이 새 상품을 내 놓을 필요성을 못 느낀다”고 하지만, 이 사장의 이력에 미루어 짐작컨대 현재 준비하고 있는 상품들 역시 미래 여행시장을 이끌어갈 상품들임을 의심하지 않는다.

트래블포스트 2008년 7월 인터뷰

코스닥 열풍 - 이제 시작이다!

최근 업계의 화두는 주식 상장이다. H여행사가 코스닥에서 대한민국 대표 기업인 삼성전자보다 고평가 받고 있는 것에 고무되어 여기저기서 상장시키려고 혈안들이다. 마치 IMF시절, 많은 벤처 기업들로 인해 코스닥 광풍이 몰아치던 것과 흡사하다.

주식이 상장되면 상장회사는 증권시장을 통해 회사의 브랜드 인지도를 높일 수 있고, 증권 발행을 통하여 많은 자금을 손쉽게 조달할 수도 있다. 그동안 여행업은 여타 산업군과 비교해 영세한 자본으로 인하여 규모의 경제를 실현하기 어려웠다. 또한 규모의 영세성으로 인하여 외부 환경에 너무 쉽게 휘둘려졌다.

그러나 상장으로 많은 투자 자본이 유입되면서 외부 환경에 대한 위험도가 줄어들고 있다. 예컨대 전세기를 통해 보다 효과적으로 많은 좌석을 확보하기 시작했고, 랜드 오퍼레이터를 통해 제공하던 현지 서비스를 직접 제공하여 고객에 대한 서비스 향상이 이루어지고 있다. 지난해부터 업계의 최대 이슈였던 여행사의 대형화 바람이 상장을 통해 가속화되고 있는 것이다.

외부 투자 자본의 합류가 없었던 과거에는 주요 경쟁사의 연간 수익이나 자본 조달의 한계를 분석하면 어느 정도 시장 환경을 예측할 수 있었으나, 외부 자본 세력이 결합하면서 럭비공처럼 어디로 튈지 예측 불가능한 상황으로 변모하고 있다. 외부 자본 세력과 여행사의 결합으로 신문 광고에서 공중파 방송 광고 쪽으로 빠르게 이동하고 있으며, 이는 인터넷 포털 사이트의 주요한 광고 수입원으로 자리 잡아 가고 있다. 광고비의 규모가 커지면서 이에 따른 고객 유치 인원이 폭발적으로 증가하고, 부익부 빈익빈 현상은 가속화되어 일부 대형여행사들이 번듯한 기업으로 발돋움하기 시작하고 있다.

하지만 이러한 긍정적인 효과 뒤에 우려의 목소리도 나오고 있다. 일부 기업의 상장 효과가 다수의 여행사들에게 독이 되고 있다는 것이다. 물론 적자생존이라는 냉엄한 법칙이 적용되는 기업 간의 전쟁에서 힘이 센 기업이 약자 기업을 도산시키는 것이 당연할지도 모르지만 방법에 있어 도덕적인 오류가 있다면 아무리 선이라 할지라도 사회적으로 용납받기 어렵다.

그 중 외부자본 세력과 결합하여 대형화된 업계의 선도기업의 시장질서 파괴는 어떤 환경에서도 용인 받기 어렵다. 역동적으로 시장은 변화하고 있고, 이 변화의 중심에 서 있는 선도 기업들에게는 도덕적 책임이 뒤따르는 것이

다. 이들 대형 여행사들에게 공존을 위한 몇 가지를 주문해
본다.

첫째, 혼자 살겠다는 이기적인 발상으로는 부를 얻을 수는
있으나 존경받는 기업이 될 수 없다. 중소여행사들의 매출
을 탐내기보다는 새로운 시장을 개척하는데 외부 자본을

첫째, 혼자 살겠다는 이기적인 발상으로는 부를 얻을 수는

의료·교육·관광 등 해외에서의 서비스 쇼핑이

점차 사회 전반으로 확산되면서

단순히 '보는' 관광의 차원에서 벗어나

해외에서 특별한 체험을 '겪는' 관광의 시대가 도래할 것이다.

투자하라. 여행업 내부와의 경쟁은 수익의 위치 이동만 있을 뿐이다. 신규 시장 창출을 위한 수익 모델 개발에 적극적인 노력이 필요하다. 20년 전의 여행 상품과 지금의 여행 상품에는 그다지 큰 변화가 없다. 오히려 과다 경쟁으로 인한 유통 질서 파괴로 상품의 질은 저하되고 소비자의 신뢰는 땅에 떨어지고 있다. 지금보다 덜 대형화되고 자본력이 약했던 시절의 상품이 오히려 소비자의 평가가 좋았다. 수익 창출을 위한 유통 구조의 변화와 마케팅 방법만 선진화되었지 여행의 본질인 여행 상품의 개발은 요원한 실정이다.

둘째, 무대를 세계로 옮기자. 국내 여행사간 경쟁 체제는 스스로 제살 깎아 먹기에 불과하다. 눈을 돌려 세계 유수의 여행사와 경쟁하는 체제로 모드를 전환시키자. 유럽의 KUONI라는 회사가 미국의 Allied T Pro같은 초우량 여행사를 운영하며 전 세계인을 상대로 성공적인 영업 활동을 하는 것을 벤치마킹해보자. IMF 발표 세계 10대 경제 규모를 자랑하는 대한민국에서 이런 여행사 하나 없다는 것은 업계에 뭔가 잘못이 있다는 것을 반증하는 것이다. 다른 산업군에서는 세계 일류 브랜드들이 속출하는데 계속해서 후진국 형태의 사고로 동종의 작은 여행사와 경쟁한다면 이 시장의 악순환은 반복될 것이다.

셋째, 여행업의 위상변화를 위한 대국민 홍보활동을 시작하자. 여행업이 여가문화의 한 보조 수단이 아닌 당당한 국가 경제 발전을 위한 필수 산업이며 종사자들은 다른 전문직 종사자와 같은 수준의 전문가 집단임을 인식할 수 있도록 대국민 홍보 활동이 필요한 때이다. 과거 코스닥에 상장되었던 많은 벤처 기업들이 최근 자금난과 수익모델 개발 실패, 도덕적 해이 같은 이유로 시장에서 줄줄이 퇴출당하거나 다른 업종의 기업들에게 흡수 합병되어 시장에서조차 사라지고 있다. 모처럼 찾아온 여행업 르네상스시대에 일부 업체의 섣부른 과욕으로 인해 꽃도 피기 전에 사라지지 않도록 해야 한다. 어렵게 찾아온 기회를 잘 살려 당당한 기업으로서 여행업이 자리 매김 할 수 있기를 간절히 기대한다.

세계여행신문 2006년 5월 칼럼

성장통 속에 빠진 여행업

성장기의 청소년들이 몸집이 커지면서 뼈, 근육, 팔, 다리 등에 통증을 느끼는 증세를 성장통이라 한다. 자기 몸에 맞지 않은 신발이나 옷을 입었을 때 겪는 불편함처럼 우리 몸도 성장하면서 뼈와 근육이 일시적으로 일치하지 않아 고통을 겪는다고 한다.

최근 여행업도 빠른 외형적인 변화 속에 성장통을 겪고 있는 것 같다. '기업 성장을 방해하는 10가지 증상'의 저자 플램홀즈의 예를 들어보자. 제한된 시장에서 더 많은 고객을 유치하기가 점점 어려워지고, 기업의 성장이 거듭되면 경쟁사의 수준도 높아지기 때문에 기업에 성장통이 발생한다는 것이다. 지금까지 핵심역량으로 생각했던 기업의 장점들이 막상 경쟁자와 비교하니 큰 차별화 요인이 없다거나, 경쟁자에게 지금까지 주목하지 못한 넘을 수 없는 높은 벽이 존재하여 발목을 잡히거나, 시장은 포화 상태가 되어 새로운 수익 모델을 발굴해 성장 동력으로 이용해야 하는데 이런 문제에 효과적으로 대처하지 못할 경우 기업의 조직 내에 혼란이 가중되면서 장기적으로 정체 현상이 발생하여 성장통을 겪는다는 것이다.

여행업이 성장통을 겪고 있는 첫 번째 징후는 조직간 협력 체계 붕괴로 인한 관절염 증세다. 어느 때부터인가 여행업의 근간이 되던 여행사, 항공사, 랜드사 간의 협력체계는 무너지기 시작했다. 각 조직의 역량 간 차이로 인하여 조직 간 불균형 성장이 진행되고 이로 인한 영양의 불균형은 관절염 증세를 일으킨다. 뼈와 뼈를 이어주는 관절에 병이 발생하여 상호 연결 작용을 원활하게 진행시키지 못하는 것이 관절염 증세와 비슷하다.

항공사는 여행사에 제공되는 가격보다 월등히 경쟁력 있는 가격을 인터넷을 통해 소비자에게 직접 판매하기 시작해 일부 소비자들에게 여행사는 부도덕한 집단으로 오인받게 되고, 여행사는 자본시장과 결합해 전세기 사업 혹은 항공 홀세일wholesale을 통해 항공시장의 유통질서를 교란하기 시작하고, 랜드사는 직접 항공 좌석을 확보해 여행사에 공급하고, 여행사는 랜드사를 직접 운영한다. 이러한 각 조직별 영역 파괴는 조직간 갈등을 일으켜 결국엔 관절염 증세로 나타나기 시작하는 것이다.

성장통의 두 번째 징후는 시력감퇴이다. 새로운 시장 개척을 통해 기업의 성장 동력을 찾으려 하지 않고 주어진 시장에서 더 많은 고객을 확보하려고 전쟁을 치르다 보니 시장 및 고객에 대한 예측력 약화현상이 발생해 시력 감퇴 증상이 나타나기 시작한다. 어느 날 갑자기 나타난 '하드블록'

이라는 신생어는 여행 전문가들의 시력을 약화시키는 약물 부작용을 낳기 시작했다. 항공사는 쉽게 좌석을 공급하고, 대형여행사들은 입도선매立稻先賣해 더 많은 수익을 올리려고 안간힘 쓴다. 그러나 하드블록이 시장에 나타난 후 2~3년 이 지난 지금 하드블록으로 돈 많이 벌었다는 여행사 아직 보지 못했다. 오히려 하드블록으로 인해 시장의 가격파괴 현상은 과거 어느 때보다 심각하다. 원가에 못 미치는 상품 을 출시해 현금을 주고 고객들에게 여행을 제공해주는 과 당 경쟁 현상은 도를 넘어 시력감퇴 현상이 아닌 시력 장애 현상을 발생시켰다.

금년 들어 성수기임에도 불구하고 고객이 없다고 여기저기 서 아우성이다. 출국자수는 증가하는데 여행사에서 유치하 는 영양가(?)있는 고객은 감소하고 성수기 좌석을 여기저 기서 반납하는 현상들이 도처에서 목격된다. 시장과 고객 에 대한 예측력이 약화돼 발생되는 성장병의 시력감퇴 징 후이다. 시장에서 1등이 50%를 가져가고, 2등이 나머지의 절반을 차지하고, 나머지 경쟁자들은 그 나머지 시장을 가 지고 이전투구 하는 무한경쟁 속으로 내몰리게 된다. 하지 만 기업의 성장통은 조직의 외부 환경을 수술하여 고치는 병이 아니라 조직 내부의 치밀하면서도 상호 유기적인 전 략을 통하여 치유할 수 있다는 경제학자 플램홀즈의 말에 도 귀를 기울여보자. 세계여행신문 2006년 7월 칼럼

경영 패러다임을 바꾸자

지금 여행업은 해외 여행객 1,000만 명 돌파, 증시 상장, 글로벌 여행사들의 국내 진출 등 각종 호재 속에서 산업규모나 구조, 사회적인 시각과 책임 등 제반 환경들이 급속한 속도로 변화하고 있다.

하지만 조금만 자세히 속내를 들여다보면 답답한 생각이 든다. 몸은 커져 성인이 됐는데 입고 있는 옷이나 향후 입고자 하는 옷은 어린아이 옷이다. 시장의 규모와 외부 환경이 바뀐다면 경영 패러다임도 바꿔야 현재의 위기 상황을 탈출할 수 있다.

첫째, 매출을 중시해 무작정 몸집만 부풀리는 경영방식에서 퀄리티 서비스와 이익을 중시하는 패러다임으로 바꾸자. 매출을 중시하는 경영은 결과적으로 시장 점유율을 높이기 위한 무한경쟁 속으로 빠지는 결과만 초래한다. 물론 규모의 경제 논리를 무시하는 것은 아니지만 이로써는 모든 것이 해결될 수는 없다. 과거 대마불사大馬不死의 논리를 믿고 외형을 중시하던 많은 대기업들이 이제는 역사 속으로 사라지지 않았는가? 이런 과거의 경험이 있었기에 매출이 아닌 이익 중시형의 경영 패러다임이 세계적인 추세다. 하지만 여행업은 아직까지도 시장 점유율을 높이기 위해 매출을 중시하는 과거의 경영방식이 대세다. 외형 확대를 위해 하드블록이나 전세기 사업에 모두 다 뛰어 들다보니 시장의 질서는 심각하게 파괴됐다.

지난 7월말 연중 최성수기임에도 불구하고 19만 원짜리 동남아 상품이 시장에 출시되는 미증유의 사건이 발생했다. 이러한 현상은 비수기에 '하드블록hard block' 좌석을 원가 이하로 판매하고, 성수기에는 제값을 받으려고 가격을 올리면서 소비자의 불신으로 모객이 되지 않으면서 생긴 현상이었다.

결국 소비자는 '초저가의 상품은 현지에서 원하던 원치 않던 선택 관광이나 쇼핑을 강행하겠다는 사전 경고문이 아닐까?' 또는 '항공료, 호텔, 차량, 식사 등 모든 것이 포함된 여행 경비가 이 정도면 성수기에 여행사들이 엄청난 폭리를 취하고 있는 것은 아닐까?'라는 생각을 하게 된다. 성수기 때의 정상적인 가격이 오히려 엄청난 폭리를 취하는 것이구나 하는 오해를 불러일으키기에 충분한 논리를 제공하는 격이 된다. 이것이 소비자들을 불신하게 만들어서 성수기 여행 수요가 대폭 줄게 되는데 이러한 악순환의 연결고리의 주범은 매출 중시형의 경영 패러다임 때문이다.

여행사를 평가할 때 시장의 가치 창출 기능을 무시된 채
매출 규모, 운영 인원 등 주로 외형적인 요인만으로 평가하고
있기 때문에 현재의 위기 상황을 탈피하지 못하는 것이다.
이제 매출 중시보다는 이익 중시, 외형 중시보다는
시장 가치를 중시하는 패러다임 변화가 절실하다.

둘째, 외형을 중시하기보다 시장 가치Market Value를 중시하는 변화가 필요하다. 초일류 기업으로 알려져 있는 기업들의 공통적인 특징은 매출 규모보다는 시장 가치 측면에서 탁월하다는 것이다. 규모면에서 세계 제일의 회사는 GM여행사이다. 하지만 시장 가치 기준으로는 42위에 불과하다. 반면 마이크로소프트사는 매출 순위는 미국 내 109위에 불과하나 이익은 11위, 시장 가치 기준으로 세계 1위 기업이다. GE사, Wal-Mart사 역시 외형은 작으나 시장 가치 창출 기준으로 평가하면 세계 2,3위 기업으로 자리 매김하고 있다.

여행업을 살펴보면 그 기업을 평가할 때 시장의 가치 창출 기능은 무시된 채 매출 규모, 운영 인원 등 주로 외형적인 요인만으로 평가하는 경향이 있다. 이를 토대로 항공사에서는 이들 기업에 좌석을 지원하고 각종 기관에서도 이들 기업을 집중적으로 지원하고 있다. 현재의 시장 질서를 파괴하는 공모자들은 시장의 가치 보다 외형적인 요소를 중시한다. 이런 시각으로 시장을 바라보기 때문에 현재의 위기 상황이 지속되고 있는 것이다.

많은 경제 전문가들이 향후 급변하는 경영환경의 변화에 따라 여행업계에 시장 점유율의 증대가 이익 증대를 동반하지 못하는 시대가 도래 할 것이라고 지적한다. 정보 기술의 발달로 소비자는 다양한 유통경로를 통해 다양한 상품을 최적의 조건으로 접할 수 있다. 이러한 상황에 업계내의 시장 점유율 경쟁은 원가 이하 판매라는 제 살 깎아먹기를 강요당하고 이익의 원천 상실로 이어질 뿐이다. 여행사 경영의 무게 중심이 매출중시보다는 퀄리티 서비스 제공을 통한 이익 중시, 외형 중시보다는 시장 가치를 중시하는 패러다임 변화가 절실히 필요한 시기다.

세계여행신문 2006년 8월 칼럼

여행사에서 성공하기

지난 주 관광학과 학생들에게 '여행사에 입사하기 전 어떤 준비를 하면 성공할 수 있을까?' 라는 주제로 특강을 했다. 강의를 준비하면서 과연 지금 나는 어떻게 일을 하고 있는지 반성도 하고 고객들에게 어떤 모습으로 투영될까 고민도 해보게 됐다.

매년 가을이면 수천 명의 신입직원들이 여행업에 입문한다. 그러나 이들 가운데 제대로 성공하는 사람들은 통계적으로 극히 드물다. 과연 성공한 사람들의 공통된 키워드는 무엇일까? 물론 부(富)가 성공의 척도는 아니지만 현대에 들어 많은 사람들이 부(富)역시 성공의 잣대가 될 수 있다고 이야기한다. 부의 관점에서 성공하는 5가지 방법을 살펴보면 상속, 결혼, 갈취, 당첨, 노력이라고 한다. 여행업에 입문하는, 혹은 현재 여행업에 종사하는 사람이 위의 5가지 항목 중 현재 아무것도 가지고 있지 않다면 성공 할 가능성은 희박하다. 그러나 '노력'이라는 키워드를 갖고 있다면 그래도 희망은 존재한다. '노력'을 베이스로, 다음과 같이 하면 성공할 수 있지 않을까?

'노력'은 기본이요,

현지에 대한 해박한 지식, 새로운 시장 개척,

차별화된 마케팅을 전개, 급변하는 소비자의 트렌드 파악의

네 가지를 갖춘다면 여행사에서 '성공'이라는

의자의 주인이 될 수 있다.

첫 번째, 지역 전문가는 기본이다. 소비자들은 여행사 직원들을 현지 전문가로 생각한다. 하지만 실제로 여행사 직원 중 현지 전문가는 생각만큼 그리 많지 않다. 몇 번 현지를 방문했다고 전문가가 되는 것은 아니다. 충성도 높은 평생 고객을 유치하는 기본 조건은 현지에 대한 해박한 지식이다. 단순히 상품을 파는 것이 아니라 현지에 대한 정확한 정보를 전달하면 당신을 평가하는 고객의 눈높이는 달라져있다. 모든 나라에 대하여 전문가가 되는 것은 불가능하다. 선택과 집중이 필요하다.

두 번째, 고정 관념을 버려라. 이미 경쟁자가 진입 장벽을 쳐 놓은 곳에 그물을 던지면 불필요한 재화만 낭비한다. 경쟁자와 차별화된 독창성으로 승부해야 성공한다. 여름 성수기가 지나자 여기저기 중견 패키지 회사들이 죽겠다고 아우성이다. 일부 기업들이 이미 대형화에 성공해 높은 진입 장벽을 쳐놓은 레드 오션 시장에서 경쟁자를 넘어서기엔 너무 많은 비용과 노력이 필요하다. H여행사, M여행사들은 시장에서 도매 시장이라는 유통체계를 창조적으로 개발하여 시장을 장악했다. 이들과 경쟁하는 후발업체들은 고정 관념을 버리고 새로운 시장 개발에 성공해야만 경쟁자들과 나란히 설 수 있다.

세 번째, 마케팅에 관한 연구는 성공으로 가는 지름길이다. 여행업은 구조적으로 영세한 업종이다. 이렇다보니 기업 차원에서 마케팅 전문가의 도움을 받기는 어려운 것이 현실이다. 상품을 기획하는 사람이 운영 및 마케팅까지 해야 한다. 기초 훈련도 받지 않은 상황에서 곧바로 전쟁에 뛰어든다면 반드시 부작용이 속출하게 되어 있다. 이런 구조 속에서 영업을 하다 보니 회사별로 마케팅에 대한 차별화가 잘 보이지 않는다. 경쟁사와 동일한 마케팅 방법을 전개한다면 영업에 대한 비용은 기하급수적으로 증가하고 가격 파괴 현상으로 이어져 수익 악화 현상은 필연적으로 뒤따라온다. 패키지 업체들이 최근 논란을 벌여온 신문 광고 단수 조정에 관한 분쟁이 이를 잘 설명해 주고 있다.

네 번째, 소비자의 트렌드는 변한다. 여행업의 시장규모나 기업의 형태는 최근 몇 년 동안 급속도로 변하고 있으나 이들의 본질인 여행 상품에 대한 변화는 느림보 행진을 지속하고 있다. 소비자는 이미 여행사들이 내놓은 상품에 식상해 다른 맛을 요구하고 있는데 여행사들은 아직도 20년 전 상품을 그대로 매장에 내놓고 있다. 여행 자유화가 시작했던 1989년과 2006년의 신문 광고를 비교해 보면 여행 상품의 내용은 변화가 없고 오히려 가격과 서비스만 나빠진 상태이다. 변화된 소비자의 트렌드를 반영하는 상품을 시장에 출시하려는 노력이 절실히 필요한 시점이다.

　　성공이라는 의자는 항상 누구에게나 비워져있다. 그러

나 극소수의 사람만이 그 의자의 주인이 된다. 노력이라는
성공의 키워드가 아직 내 마음속에 있다면 지금부터 다시
시작해야 하지 않을까?

세계여행신문 2006년 9월 칼럼

대한민국 변화의 태풍
P세대^{P generation}와 FIT^{Foreign Independent Tour}

2007년 들어서면서 해외 개별 여행^{FIT-Foreign Independent Tour}시장에 대한 관심이 태풍처럼 몰아치고 있다. 봄철에 진행하는 대형여행사들의 조직 개편 시기와 맞물려 소위 이름 있는 여행사들은 FIT부서를 신설하고 전문 인력 확충에 혈안이 돼 있다. FIT시장에 대한 뚜렷한 소신이나 철학 없이 아직 준비가 덜된 상태에서 윗사람들의 욕심이나 감만 갖고 진행하다보니 여기저기서 잡음이 들린다.

시장은 봇물이 터질듯 성숙하고 있지만, 수요층의 욕구와 감성을 FIT에 적용해 입맛에 맞게 요리하고 리드할 전략과 인재는 부재한 상황이다. 새로운 시장을 개척하기는커녕 전문 여행사들이 여행업에 대한 열정과 자구책으로 마련한 신상품들을 여과 없이 베끼거나 많은 비용을 들여 육성한 전문 인력을 타사보다 좀 더 높은 연봉으로 유혹하여 스카우트하고 있다. 과연 이러한 미봉책으로 여행업계의 메가트렌드로 성장하고 있는 FIT의 물결을 리드할 수 있을까?

현재 한국 FIT시장의 가장 큰 성장 동력이자 FIT의 주역이

되고 있는 P세대^{P generation}를 주목해보자.

제일기획이 발표한 소비자 트렌드 보고서에 따르면 'P세대'는 월드컵 응원 열풍, 촛불 시위, 대통령 선거 등에서 보여주었듯이 사회 전반에 걸친 적극적인 참여^{Participation} 속에서 열정^{Passion}과 힘^{Potential Power}을 바탕으로 사회 패러다임의 변화를 일으키는 세대^{Paradigm-shifter}를 말한다. P세대는 386세대의 사회의식, X세대의 소비문화, N세대의 라이프스타일, W세대의 공동체의식과 행동이 모두 융합돼 나타나는 17~39세의 집단이다. 현재 이들은 주로 컴퓨터 게임, 영화 등의 정적인 여가를 즐기고 있지만 향후에는 여행, 운동과 같은 동적인 여가를 더욱 많이 즐기고 싶어 한다. 이러한 P세대 모두가 FIT여행의 열정적인 잠재 소비자층인 것이다.

P세대의 첫 번째 키워드는 도전^{Challenge}이다. 권위와 고정관념을 거부하고 새로움과 변화를 추구하는 자유로운 사고방식을 가지고 있다. P세대의 맏형 격인 30대 후반 세대들은 대학시절 당시 유행하던 배낭여행의 최초 소비자들이다. 이들은 배낭여행이 일반화되어 이미 2~3번 자유여행을 경험한 세대로, 이들에게 패키지 프로그램은 이미 진부한 고정 관념에 지나지 않는다.

P세대의 두 번째는 키워드는 관계^{Human Network}이다. 이들의 주요 업무와 놀이 공간은 인터넷이다. 이를 통하여 자신이 갖

고 있는 정보를 공유, 전파하는 것을 즐거워하고, 같은 의식과 취미를 갖고 있는 집단끼리 뭉치기를 좋아한다. 이들에게 상품 정보 전파 속도는 실시간 수준이다. 이들의 특성이 반영된 FIT상품의 전파 속도는 곧 폭발적인 시장 증가를 의미한다.

세 번째 키워드는 개인Individual이다. 이들은 누군가로부터 간섭 받기 싫어한다. 집단속에서도 개성을 잃지 않으려고 노력한다. 패키지여행 중 일행들로부터 이탈하는 행동이나 여행 후 갑갑증을 호소하는 이유가 여기서 기인한다.

FIT시장의 두 번째 성장 동력은 아이러니하게 전반적인 경기 침체 현상에서 찾을 수 있다. 호황기에는 웬만한 상품은 다 잘 팔린다. 그러나 불황기에는 소비자의 니즈를 보다 세분화해야만 물건이 팔린다. 소비 시장은 침체되었는데 고급품의 수요는 늘어나는 것과 비슷한 논리다. 불황기에는 소비자의 니즈가 까다로워진다. 불황기의 소비자는 욕구가 다양화·개별화 되면서 대중적인 상품보다는 독특한 속성을 지닌 변형 상품을 찾는다고 한다. 경기가 침체될 때 FIT시장은 활황을 누린다니, 새로운 돌파구를 찾았던 여행업계로서는 신천지처럼 떠오른 블루오션의 기회이기도 하다. 이를 위해 변화하려고, 생존하려고 새로운 상품 개발에 전력투구하는 긍정적인 시그널이 도처에서 목격된다. 하지만

FIT시장이 커지면서 업계의 고질적인 병폐 또한 다시 살아
나고 있다. 최근의 일부 대형여행사들의 행동은 단순히 발
전에 따른 성장통으로 보기에는 위험수위가 지나치다. 돈
을 많이 버는 것도 중요하지만 어떻게 버느냐도 중요하다.
변화에 적응하는 것도 좋지만 기본 상도를 지킬 수 있기를
소망해본다.

세계여행신문 2007년 2월 칼럼

여행기업의 양극화 현상

최근 여행업계를 꼼꼼히 살펴보면 몇 가지 공통적인 특징을 발견할 수 있다.

첫 번째, 그동안 지적돼 오던 부익부 빈익빈 현상이 가속화돼 시장 양극화 현상이 고착화되고 있으며 이것이 수치적으로 증명되고 있다. 2002년 대비 2006년의 출국자수가 67% 성장한 것에 비교해 상위 5개 여행사들의 성장 속도는 동일 기간 약 500% 증가한 것으로 조사되고 있다. 시장 증가 속도와 비교하여 무려 7.4배나 빠른 속도로 성장해 시장을 지배하기 시작한 것이다.

두 번째, 대기업을 모기업으로 하는 여행기업들이 여전히 빠른 속도로 성장하고 있어 향후 2~3년 이내에 현재의 Big5 업체의 실적을 능가할 것으로 예상된다. 이들 역시 여행기업을 독립적으로 증권시장에 상장시킬 것으로 보이며 자본 시장과의 연합은 이들의 성장 속도를 배가시킬 것으로 예상된다. 이미 일부 업체들은 상장되기 시작하고 있으며 향후 이들의 파괴력은 업계에 지각 변동을 가져 올 정도로 막강한 파괴력을 구축할 것으로 보인다.

세 번째, 외국 대형여행사들의 국내 진출이 가시권에

들어와 있다. 일본과 미국의 대규모 여행기업들의 국내 진출이 초읽기에 들어간 것으로 알려지고 있다.

네 번째, 그동안 시장의 규모가 작아 망설이던 국내 대기업들의 여행업 진출이 점차적으로 현실화되고 있다. 지난해 항공 수수료 할인으로 역마진을 발생시켰던 카드사들의 여행업 진출은 업계의 시장 질서를 파괴시킬 수준으로 규모가 커지고 있으며 기타 대기업에서의 여행업 진출 기사가 지난해부터 속속 눈에 띄고 있다.

이런 시장의 변화가 긍정적인 측면만 이끌어낸다면 다행이지만 문제는 오히려 많은 부작용을 낳고 있다는 것이다.

첫 번째, 양극화 현상으로 대형화를 꾀한 여행기업들이 새로운 시장을 창조하기보다는 시장 파괴적 행동을 서슴지 않고 자행하고 있다. 덤핑 판매, 유통 질서 파괴, 전문 인력 낚아채기, 과장 광고 등 각종 시장 파괴적인 행동을 선도 기업들이 선도적으로 자행하고 있다.

두 번째, 상생의 노력이 절대적으로 부족하다. 양극화 현상으로 대형화를 이룬 이들 기업은 영역파괴, 상대적 우위에 있는 지위를 이용한 대리점 수수료 인하, 광고비 분담, 사내외 행사비용 분담, 각종 홍보물 제작비용 분담, 협력업체 지상비 인하 압력 등 과거 일부 대기업들이 중소기업들에게 행하던 악습을 그대로를 답습하여 시행하고 있다. 이들이 현재의 위치에 오르기까지 힘을 보태 주었던 관련 회사들의 노고에 보답하기는커녕 여전히 혼자 살겠다는 생각인 것처럼 보인다. 상생의 지혜가 절실히 필요한 대목이다. 이러한 변화는 이제 피할 수 없는 현실이다. 그러나 이것이 선도 기업들이 어떤 경우에도 위협받지 않고 시간이 지날수록 더욱 대형화된다는 의미는 아니다. 80년대 말까지 소매 유통업계의 살아 있는 교과서로 통하던 K-mart의 몰락이나 80년대 후반까지 세계 기업 Top 10에 6개 이상 속해 있던 일본 반도체 산업의 급격한 몰락은 우리에게 시사하는 바가 크다. 반대로 수년 만에 국내 포털시장의 70% 이상을 장악한 네이버 운영사인 NHN의 성장은 얼마든지 후발업체도 시장을 장악하는 지배세력으로 성장할 수 있다는 가능성을 보여주고 있다. 대형화에 성공한 토종 대표 여행기업들이 대기업이나 외국기업에 맞서 지속적으로 성장할 수 있기를 토종 여행기업인으로 간절히 소망한다. 시장을 파괴시키며 성장하기보다 정정 당당하게 '희소성 있고 모방이 곤란한' 전략적 내부 핵심 역량으로 시장을 창조해 가며 성장 할 수 있기를 기대한다.

세계여행신문 2007년 4월 칼럼

3不 운동과 풍선효과

대학 입학 전형 방법을 놓고 관련 단체들이 3불[不] 정책에 대하여 설전을 벌이고 있다. 본고사 금지, 기여 입학제 금지, 고교 등급제 금지 조항에 대하여 이해 당사자끼리 의견이 엇갈리니 수년째 골탕 먹고 있는 것은 수험생과 학부모들이다.

좀 다른 애기지만 여행업계도 3불 정책을 실시해야 할 많은 문제점들이 꾸준히 지적 되고 있다. 여행업계의 3불 정책 중 으뜸은 역시 하드블록이다. 하드블록이 몰고 온 부당사례는 일일이 열거 할 수 없을 정도로 많다. H여행사의 경우 2006년 기준, 전체 항공 좌석의 30%, M여행사의 경우 25%, L여행사의 경우 15%를 하드블록[hard block]으로 좌석을 확보하여 판매하였다고 언론에 보도된 바 있다. 다른 대형 여행기업들이 운영한 하드블록 좌석을 제외하고, 이들 3사의 운영 좌석만으로도 70%에 이르니 그동안 항공사들이 얼마나 많은 좌석을 하드블록으로 판매 했는지 짐작하고도 남는다. 이렇게 엄청난 규모의 하드블록 좌석이 업계에 통용되다보니 유통 질서 파괴 현상이 발생한 것이다.

연초 국적기인 대한항공에서 하드블록 정책을 폐지한다고 선언하여 업계에 신선한 충격을 던진바 있다. 아시아나 항공도 이 대열에 동참할 예정이라고 최근 언론을 통하여 의지를 표명한 바 있다. 대한항공의 경우 하드블록 정책을 폐지한 이후 수익성이 개선되었고, 대형 여행기업을 제외한 대부분의 회사들이 항공 운영 면에서 전년도에 비하여 크게 개선되었다고 말하고 있다.

하지만 국적기들의 하드블록 폐지 방침에 불똥이 엉뚱한 쪽으로 튀고 있다. 대형 여행기업들이 거대한 물량을 무기로 외국 항공사 쪽으로 하드블록을 집중적으로 신청하다 보니 선의의 피해를 보는 기업이 늘고, 하드블록 폐지 효과도 반감되고 있다. 한쪽을 누르면 다른 쪽이 부풀어 오르는 풍선효과가 나타나고 있는 것이다. 하지만 아직 기초가 튼튼하지 못한 여행업은 풍선효과 단계를 지나 아예 풍선이 터져버리는 공도동망共倒同亡 현상이 나타나지 않을까 우려된다. 외국 항공사들의 협조가 절박하게 필요한 시점이다.

3불 정책 중 두 번째는 과당광고이다. 업계의 과당 광고는 내용적인 면과 외형적인 면이 공존한다. 먼저, 업계전체가 지불한 신문광고비가 연간 400억을 넘는다고 추정한다. 마케팅의 채널이 다변화되어 신문 광고비 이외의 마케팅 비용은 수직 상승하여 오히려 과거 신문 광고 위주의 마케팅

시절이 좋았다고 하소연 하는 기업도 있다.

광고 시장에서도 풍선효과가 나타나고 있다. 마케팅 다변화 정책으로 불씨가 옮겨간 인터넷 키워드 시장은 2년 전 100~200원 하던 키워드 가격이 2,000~3,000원으로 10배 이상 상승한 경우가 수두룩하다. 대부분의 기업이 수익실적은 개선되지 않고 있는데 과당경쟁으로 광고비 지출은 폭발적으로 증가하고 있어 기업의 생존마저 위협하고 있는 형국이다.

또한 광고의 내용적인 측면도 들여다보면 문제투성이다. 지난달 공정위에서 지적한 10여 여행사뿐만 아니라 많은 기업의 광고에 있어서 부당·허위 사실이 보여지고 있다.

세 번째는 3불 정책의 대상은 가격 파괴이다. 과당 경쟁으로 인하여 여행 상품의 가격은 10년 전 보다 오히려 내려 갔다. 타 업종에서처럼 기술 개발이나 원가 절감으로 인하여 가격이 하락된 것이 아니라 덤핑판매, 우

국적기들의 하드 블록 폐지 방침에 불똥이 엉뚱한 쪽으로 튀고 있다.
대형 여행 기업들이 외국 항공사 쪽으로 하드 블록을
집중적으로 신청하다 보니 피해를 보는 기업이 늘고,
하드 블록 폐지 효과도 반감되고 있다.

국적기들의 하드 블록 폐지 방침에 불똥이 엉뚱한 쪽으로 튀고 있다.
대형 여행 기업들이 외국 항공사 쪽으로 하드 블록을
집중적으로 신청하다 보니 피해를 보는 기업이 늘고,
하드 블록 폐지 효과도 반감되고 있다.

월적 지위를 이용한 랜드사 목조르기, 쇼핑센터 결탁, 선택
관광 및 팁 강요 등과 같이 부당한 방법을 이용하여 가격
을 낮추다 보니 상품의 품질은 떨어졌고 소비자의 불만은
커져 가고 있다.

여행업계 3불 정책으로 인한 피해자는 누구인가? 바로 여
행업계 자신들이다. 여행사들은 열악해지는 수익구조의 악
순환을 끊지 못하고 허덕이고 있다. 특히 그동안 착실히 영
업해온 중소여행사들이 입는 피해는 실로 엄청나다. 질 좋
은 여행 서비스를 받지 못한 소비자들이 여행업계에 갖는
불만도 커지고 있다. 여행업에 대한 위상이 올라가고 국가
에서도 차세대 성장 동력 산업으로 육성하고자 하는 의지
를 보이고 있지만 이러한 호기를 업계 스스로가 놓치고 있
다. 이것이 3불 정책 실시로 업계 스스로의 자정노력이 절
실히 필요한 이유다.

세계여행신문 2007년 5월 칼럼

여행기업의 M&A

삼성 경제 연구소에서는 2007년 10대 글로벌 트렌드를 발표하면서 M&A와 글로벌 산업 재편을 6대 글로벌 트렌드로 선정했다. 각 기업들은 글로벌 과점 체제 구축을 위한 선두 기업 간 M&A 경쟁이 지속되면서 거대기업이 덩치 키우기 경쟁에 돌입해 각 산업에서 과점화가 확대될 것으로 전망했다. 실제로 철강ㆍ석유ㆍ은행ㆍ제약 등의 산업 군에서 1위를 차지한 기업은 대부분 M&A를 통해 1위로 등극했다. 예를들어 정유분야에서는 엑슨사와 모빌사가 엑슨모빌로 합병되면서 1위 자리를, 제약분야에서는 램버트가 화이자에 합병되면서 화이자가 1위 기업 자리를 탈취했고, 씨티은행은 트레블러스를 인수했고, 철강분야에서는 아세라리아와 아베드사 유지노사가 아르셀로로 합병되면서 세계 1위로 등극했다.

국내 여행업을 살펴보면 지난 몇 주간 동안 M&A 및 여행기업간 합병 소식이 줄을 이었다. 레드캡투어가 오케이투어를 인수하고, 롯데관광은 농협과 지분 투자를 통해 8번째 자회사로 농협롯데관광을 출범시켰다. 롯데닷컴도 세

"""

계 유수의 여행기업 JTB와 공동 투자를 통해 롯데JTB를 출범시켰다.

최근 여행기업의 M&A는 지난해와 다른 양상을 보이고 있다. 지난해까지 코스닥 직접 상장을 목표로 덩치를 키우기 위해 합병을 하거나 우회 상장으로 증권 시장 진출을 위한 기업 간 M&A가 주류를 형성했다면 최근에는 국내 여행 시장의 과점 체제 구축을 위한 대형화가 진행중에 있다. 보는 관점에 따라 국내 여행 시장은 이미 과점화 체제로 접어들었다.

순수 관광 목적의 패키지여행 시장은 이미 과점화가 상당히 진행돼 업계 간 부익부 빈익빈 현상이 정점을 향해 달려가고 있다. 불과 수 년 만에 상위 4~5개 업체의 송출 인원이 순수 관광 목적 시장에서 40% 이상을 차지하고 있는 것이 좋은 지표이다. 향후 2~3년 이내에 이런 과점화 체제는 더욱 가속화 되고 패키지 시장 이외의 전문여행사들이 담당하였던 틈새시장까지 이들의 시장 지배력이 확산될 것으로 전망된다.

혹자는 여행업이 유통업처럼 변화될 가능성에 무게를 두고 있다. 현재 유통업의 구조를 살펴보면 롯데, 현대, 신세계 백화점처럼 고급 브랜드로 자리매김한 몇 개의 대형 백화점과 이마트, 홈플러스, 월마트 같은 대형 할인점이 직판 시장에서 강세를 보이고 있다. 또한 세븐일레븐, GS25, 패밀리마트처럼 대형 자본을 무기로 소규모 점포를 체인점으로 흡수해 간판 영업으로 시장 점유율을 극대화시키고 있다. 물론 신세계와 이마트처럼 고급화된 대형백화점이 확장을 거듭해 대형 할인점과 체인점을 자회사 혹은 자본 참여 형태로 운영하는 곳이 여러 곳 있는 것도 주지의 사실이다.

여행업도 현재의 형태로 변화 속도가 가속화된다면 1만 2,000개의 여행사가 대부분 몇 개의 대형여행사의 소매점 형태인 체인점으로 운영될 날이 올 것이다. 물론 몇 개의 대형 할인점과 브랜드 인지도가 높은 대형 직판 여행사가 시장 지배력을 극대화해 과점 체제를 구축할 것이다.

하지만 여행업계에서 간과하지 않으면 안 될 사항이 있다. 바로 여행업은 유통업과는 약간 다른 성장 과정을 거치고 있다는 점이다. 유통업은 자기 자본을 바탕으로 신규 시장을 개척하는 성장 모델을 거쳤다면 여행업은 소규모 여행기업과 여러 협력 업체의 공조 속에 대규모 여행기업으로 발전할 수 있었다. 새로운 치즈를 만들었다기보다 치즈가 옮겨 간 형태이다.

이런 성장 모델에는 높은 도덕적 책임이 뒤따른다. 현재의 모습으로 성장하기까지 힘을 모은 많은 협력업체와 소규모 여행기업의 생존 문제, 시장 유통 질서 확립, 국민들로부터 신뢰받는 업계 이미지 구축 등 업계를 대표하는 여

러 도덕적 책임이 뒤따른다는 점을 커가는 대형사들은 기
억해야 할 것이다.

세계여행신문 2007년 6월 칼럼

악화가 양화를 구축하다

학창시절 단골도 출제되던 시험 문제 중에 '그레샴의 법칙Gresham's Law'이 있다. '악화惡貨가 양화良貨를 구축한다Bad money drives out good'는 법칙이다. 일반적으로 동일한 가격을 가지고 있는 상품이 품질에서 차이가 난다면 우수한 품질의 상품이 나쁜 품질을 가진 제품을 시장에서 퇴출시키는 작용을 하게 된다. 그러나 화폐시장에서 만큼은 그와 정반대의 현상이 발생하게 된다고 그레샴이 주장하면서 나온 용어이다.

아직 지폐가 통용되지 않던 시절, 유럽에서는 주로 동이나 은이 주요 화폐였다. 이 무렵 정부에서는 재정 부담을 줄이기 위해 이따금 화폐의 질을 떨어뜨리곤 했다. 즉 10원짜리 은화에 10원 가치의 은이 포함돼 있어야 하는데 5원어치 실질 가치의 은만을 함유한 채 10원짜리 명목 가치로 통용했던 것이다. 이렇게 되면 10원의 가치를 지닌 은화양화는 저장해두고 5원의 가치를 지닌 화폐악화만이 쓰이게 돼 나중에는 악화가 양화를 몰아내게 된다는 것이다.

요즘 여행업계도 이 그레샴의 법칙이 적용되고 있다. 먼저, 연중 최성수기인 7월이 지나면서 이제는 더 이상 성수기는 없을 것이라는 전망이다. 성수기에 자리만 있으면 팔리던 시절은 옛날이야기고, 항공사와 여행사의 기본 정책에 근본적인 변화가 있어야 한다는 목소리가 여기저기서 나오고 있다.

사실 이런 원인의 단초는 과거부터 꾸준히 진행돼 왔으나 하드 블록Hard Block이란 제도가 생기면서 정점에 도달해

약삭빠른(?) 소비자는 여행기획자의 머리 위에 올라앉아
여행 기업들 스스로 비수기라 여기는 시기에
덤핑으로 나온 여행 상품만 골라가는 재미를 만끽하고 있다.
심지어 AD투어보다 싼 상품이 시장에 넘쳐나는 형국이니
정상 가격의 상품을 누가 구입하겠는가?

이제는 시장 개편이 불가피한 상황이다. 소비자는 이제 더 이상 과거의 소비자가 아니다. 인터넷으로 무장한 고객들은 거의 실시간으로 정보를 주고받을 수 있게 되었다.

비수기에 덤핑으로 내놓은 상품을 이용해본 고객은 성수기에 심리적으로 바가지요금이라고 생각되는 여행 상품을 구매하는데 강한 저항감이 생긴다. 결국 비수기 덤핑 상품이 성수기 정상가격의 상품을 몰아내는, 그야말로 악화가 양화를 구축한 셈이다. 여행기업들이 스스로 만든 함정에 빠져버린 꼴이다. 이런 트렌드 변화는 수 년 전부터 감지돼 왔다. 2006년 월별 출국자 수를 조사해보면 최대 성수기인 7월과 그 이외 비수기 달의 평균 편차가 10% 미만이다. 결국 상품 기획자들이 주장하는 성수기는 사라지고 있는 추세이다.

약삭빠른(?) 소비자는 여행기획자의 머리 위에 올라앉아 여행기업들 스스로 비수기라 여기는 시기에 덤핑으로 나온 여행 상품만 골라가는 재미를 만끽하고 있다. 심지어 AD투어만 골라가는 소비자가 등장하는 웃지못할 해프닝이 비일비재하게 목격되고 있다. 이런 추세라면 AD투어가 시장에 주류로 진입 할지 누가 알겠는가? 또한 AD투어보다 싼 상품이 시장에 넘쳐나는 형국이니 정상 가격의 상품을 누가 구입하겠는가?

항공권 판매 시장에도 그레샴의 법칙이 적용되고 있다. 일부 온라인 여행사 및 대기업에서 항공권을 원가 이하로 판매하다보니 항공사로부터 받던 수수료가 그 의미를 상실하고 있다. 항공권 판매 수수료 7~9%는 숫자에 불과할 뿐이라고 이야기한다. 솔직히 요즈음 이 항공 수수료를 고스란히 수익으로 챙기는 여행사는 보기 드물다. 소비자도 정상 가격으로는 더 이상 구매하려 하지 않는다. 일부 회사들이 9~12%의 할인 정책으로 시장을 파괴한 이후 항공 수수료는 숫자에 불과한 게임으로 변질되었다.

여행 상품은 서비스를 제공하고 수익을 발생시킨다. 즉 서비스 경쟁력이 수익의 원천이 된다. 하지만 큰 틀에서 보면 여행기업들은 품질 경쟁은 하지 않고 여전히 가격 경쟁에만 몰두하고 있다. 여행기업들이 스스로 무덤을 파고 있어 시장이 혼탁해진 것이다. 양화가 양화를 구축하는 새로운 시장을 창조해 나가는 해법이 절실히 필요한 시점이다.

세계여행신문 2007년 8월 칼럼

항공 수수료 인하와 나비효과

요즈음 관광업계의 최대 화두는 항공 수수료 인하 문제다. 특히 국적기들이 내년 상반기에 항공 수수료를 인하 할 것이라는 출처를 알 수 없는 소문이 퍼지면서 여행업 관계자들이 전전긍긍하는 모습을 심심찮게 볼 수 있다. 이와 관련된 정보를 얻을 수 있지 않을까 하는 기대 심리로 인해 항공사에서 주최하는 각종 모임들이 예전에 비해 높은 관심을 얻고 있다고 한다.

사실 항공 수수료 인하 혹은 폐지가 멀지 않은 장래에 발생할 것이라고 많은 사람들이 추측하고 있다. 그러나 이로 인하여 발생할 수 있는 문제점에 대한 대책은 있는지 정부 당국자와 업계 관련자들에게 묻고 싶다.

그동안 항공 산업은 저임금 노동력에 기반을 둔 여행사를 상품의 유통채널로 이용하여 성장해왔다. 그러나 인터넷에 기반을 둔 IT산업의 발달로 인한 유통 채널의 대체재 확보, 저비용 항공사Low Cost Carrier 등장과 같은 항공사간 과당 경쟁 체제 진입, 기업 경영의 효율성 재고 차원에서 항공 수수료 인하 문제가 각국의 관광업계에 중요한 이슈로 꾸준히 제기되어 왔다. 하지만 눈을 돌려 국내 여행업계의 이에 대한 대처 방법을 살펴보면 과거 단순히 하늘만 올려다보고 있는 천수답天水畓 농민과 다를 바 없다. 만약 무방비 상태에서 항공 수수료가 인하 혹은 폐지된다면 국내 여행 산업은 극도의 혼돈 상태에 빠지게 된다. 그동안 여행기업의 생존을 위한 수익 기반은 항공 수수료였다. 이 제도가 어느 날 갑자기 전격 시행된다면 상용시장의 항공권 판매를 기반으로 하는 여행기업들은 최악의 경우 수익 제로 상태가 된다. 레저마켓의 패키지 상품을 기반으로 하는 여행기업들의 수익성 악화는 불 보듯 뻔한 상황이다.

물론 자구책이 강구된 일부 여행기업은 생존하겠지만 대부분의 여행기업은 줄도산으로 이어질 것이다. 또한 이로 인하여 발생 할 수 있는 나비효과는 엄청난 사회적 파장을 몰고 올 가능성이 있다. 관련 업종에 종사하고 있는 수십 만 명의 종사원들은 이직을 해야 할 가능성이 매우 높다. 가뜩이나 최근 고용 시장이 불안한데 여행업 분야는 고용 시장에 역주행하는 결과를 초래할 것이다.

현재 여행기업의 매출 구조를 살펴보면 대부분 항공 수수료가 차지하는 비중이 50%이상이다. 여행사들은 최근 자영업자 수준에서 기업으로 막 성장하는 단계에 놓여있다. 흔히 코스닥 상장의 기본 조건을 매출 100억이라고 말한다. 여행기업의 매출은 다른 업종과 달리 고객이 여행 경비로 지불하는 고객예탁금은 매출로 잡히지 않고, 여행을 알선하고 남은 수익만 매출로 잡히는 구조를 가지고 있다. 매출의 50% 이상을 차지하는 항공 수수료가 축소 또는 폐지된다면 향후 여행기업들이 증권시장에 진입하는 일은 점점 요원해질 것이다. 그만큼 여행 산업의 성장 속도는 둔화되고, 국제화 시대에 외국 여행기업과의 경쟁에서 지는 게임을 하게 될 것이 분명하다.

항공 수수료 인하에 따른 문제점은 이뿐만이 아니다. 항공료 일시적 하락 이후 항공료 상승으로 소비자 부담 증가, 항공 수수료만큼 외국 국적 항공사들의 국내 영업 이익 증가로 발생 할 수 있는 국부유출 등 많은 부분에서 부정적 신호들이 감지되고 있다.

많은 여행업 관계자들이 항공 수수료는 숫자놀이에 불과하다고 한다. 이미 여행기업이 공급과잉으로 과당 경쟁 체제에 돌입하면서 항공 수수료를 고스란히 수익으로 챙기는 경우도 드물다. 많은 여행기업들이 스스로 제 눈을 찌른 꼴이다. 항공 수수료가 인하 및 폐지된다면 외국 사례처럼 서비스 수수료Service Charge를 부과하여 수익모델을 대체할 것이라 혹자는 말한다. 어불성설이다. 누가 소비자들에게 항공 수수료를 인하하는 만큼 여행기업에서 서비스 수수료를 부과해야 한다고 그 정당성을 홍보해 줄 것인가? 항공 수수료 인하 및 폐지로 항공사들이 경쟁력을 확보한다면 그에

따른 여행기업의 경쟁력도 회복할 수 있도록 대책을 마련
되어야 할 것이다.

세계여행신문 2007년 11월 칼럼

멀리 보는 새가 높이 난다

여행업계 진정한 상생을 추구하는 이진석 내일여행 대표

최근 FIT 홀세일을 선언하며 온라인을 통해 대리점을 모집하고 있는 내일여행. 지난해 12월1일부터 지난달 31일까지 두 달여의 짧다면 짧은 기간 동안 186개 여행사와 대리점 계약을 완료했다. 단기간에 186개 여행사를 품에 안을 수 있었던 건 다름 아닌 '내일여행'이라는 이름 때문에 가능했다. 지난 10년간 배낭여행 시장점유율 1위를 유지하며 쌓아온 개별자유여행 브랜드 '금까기'는 설명이 필요 없는 최고의 인기 상품이다. 글로벌 경기 악화로 힘든 시기에 '여행업계 상생'을 실천해나가고 있는 이진석 대표를 만나 내일여행의 '내일'에 대해 들어봤다.

약속하면 반드시 지킨다

이진석 대표는 20년 전 부인과 한 가지 약속을 했다. 결혼 후 아침에 일어나면 무슨 일이 있어도 30분간 대화로 하루를 시작하자는 것. 아내의 부탁으로 시작된 약속은 인터뷰 당일도 예외는 아니었다. 전날 회식자리에서 과음을 해도, 많은 업무로 컨디션이 좋지 않아도 아내와의 30분은 반드시 지켜오고 있다. 대화는 특별한 내용이 아니다. 오늘 하루는 어떻게 보낼 것인지, 어제는 누구를 만나 어떤 일을 했으며, 요즘 고민이 무엇인지 등 소소한 것들이다. 하루 30분의 투자 덕분에 이 대표 부부는 지금껏 단 한 차례의 다툼도 없었다.

아내와의 약속을 성실하게 지키는 남편은 회사에서도 올곧다. 이 대표는 직원들과 똑같은 기준으로 회사생활을 한다. 몸이 아파도 단 하루의 결근이나 지각없이 출근한다. 때문에 이 대표는 부인에게 "당신은 한 회사의 대표가 아니라 아직도 직원 같다"는 말을 자주 듣는다.

한 알의 마늘 까놓은 모양새만 봐도 그 사람이 어떤 사람이며 어떻게 생활하는지 알 수 있다고 한다. 그 말에 이진석 대표를 대입시켜보면 그가 기업을 이끄는 방식도 그의 생활방식과 다르지 않을 것이다.

고객에 대한 신뢰는 하루아침에 쌓이지 않는다. 자신에게, 가족에게, 동료에게 신뢰를 주는 대표는 고객의 신뢰도 얻을 수 있다.

기업은 직원을 위해 존재해야

'기업은 직원을 위해 존재해야 한다' 내일여행 설립 당시 세웠던 지론은 현재도 유효하다. 1995년 17명으로 출발한 내일여행은 '종업원 지주제'로 운영됐다. 부산지사를 포함해 102여명의 직원을 보유하고 있는 지금도 내일여행의 최고 자산은 직원이다.

그렇다보니 이 대표는 현재의 어려운 경제상황에 감봉과 감원으로 고정비용을 줄이고 있는 여행업계의 현실에 쓴웃음을 짓는다. 경제 사정이 나쁘다고 수익에 맞게 인력을 줄이면 경기가 되살아날 때 또다시 필요한 인력을 충원해야하는 상황을 맞을 여행사들의 수고와 경제적 낭비가 안타깝게만 느껴진다는 게 그의 설명이다. 그도 그럴 것이 내일여행 직원을 여행전문가로 육성하는데 드는 경비와 시간이 고정비용 축소를 위해 감원해서 얻는 이익보다 크기 때문이다. 내일여행의 신입사원이 여행상품을 판매하기까지 1년의 교육기간이 걸리며, 직원에게 투자되는 비용만도 2억원이 든다.

회사와 직원간의 신뢰가 깨지는 순간부터 여행업 종사자들의 이직률은 증가하기 마련이다. 이 대표는 현 상황에서 기업 경영진들은 어떠한 희생을 치렀는지 반문한다.

시장 확대는 곧 성장 기회

이진석 대표는 빠르게 변화하는 여행시장에서 순수여행업자들이 운영하는 업체는 점차 사라질 것으로 전망한다.

지난해 9월 위기설 때부터 흘러나왔던 '시장 재편' 현상은 지금껏 뚜렷하게 일어나지 않고 있다. 이는 그룹기업 등 외부자본으로 현 상황의 위기를 버텨내는 여행사들의 강한 생존력을 대변하는 것이라는 게 그의 해석이다.

또한 현재의 위기가 IMF때보다는 나은 수준이라고 천명한다. 학생시장은 전체 여행수요에서 선행되는 지표로 평가된다. 1997년 내일여행의 학생 수요 3~4월 성장률은 10%를 넘지 못했고 이후 경기는 점차 바닥을 쳐 한국 경제는 12월 IMF시대를 맞이했다. 그러나 올 초 학생수요는 33%의 성장세를 기록하고 있다. 이러한 현상은 현재의 불황을 이겨낼 수 있는 중요한 원동력이라고 확신한다. 강한 자에게 위기가 곧 기회로 바뀔 수 있듯 내일여행은 FIT 홀세일 사업을 추진하며 또 한 단계 성장할 도약기를 노리고 있다. 그룹기업들이 점차 힘을 키워가고 있는 시점에서 내일여행이 자신있게 내민 카드는 'FIT 시장의 확장'인 것이다.

여행패턴은 FIT로 흐르고 있으나 여행사들이 선뜻 FIT시장에 진입할 수 없는 이유는 '비용'에 있다. 한 가지 상품에 그룹을 끼워 맞춰 핸들링 하는 패키지 여행상품과는 다르게 개개인의 여행니즈를 모두 충족시켜야 하는 개별여행상품은 상품단가가 올라갈 수밖에 없다.

내일여행의 '금까기'는 여행객들이 원하는 모든 선택 일정이 시스템화 돼 있어 개인 고객 한 명 당 인력을 필요로 하지 않는다. 또한 내일여행이 확보하고 있는 전 세계 50여개 여행업체와의 거래로 개인 요금을 단체요금 수준으로 맞출 수 있는 것이 내일여행만의 강점이다. 일정표도 시간 단위로 구성돼 있어 내일여행이 아니면 진행할 수 없는 상품들이 주를 이룬다.

이 대표는 자기만의 노하우를 공개하겠다고 발표했다. 186개 업체가 내일여행의 FIT 홀세일 사업에 파트너로 동참했으니 186개의 노하우를 나누는 셈이다. 언뜻 내일여행에 있어 불리한 거래로 보인다. 그러나 이는 FIT시장의 확대, 혹은 FIT여행 시대의 도래를 촉진시키는 한 방법이다. 파트너사에 있어 항공권 제로컴 시대에 대비한 또 하나의 수익 모델인 동시에 내일여행에 있어 마음껏 뛰어 놀 수 있는 무대의 확장이다. 이 대표는 한두 달 앞을 바라보고 준비하는 것에서 벗어나 더 높이 날 수 있도록 먼 곳을 응시하고 있다.

틈새는 만국으로 통하는 길

온라인의 파급효과를 깨달은 여행사들은 다양한 온라인 채널을 통해 자사를 노출시키고 있다. 내일여행도 온라인시장의 잠재성을 파악하고 홍보가 곧바로 매출로 이어지도록 하는 블로그 마케팅 등에 주력하고 있다.

현재 내일여행 홈페이지를 방문하는 접속자는 하루 1만3000명가량 된다. 이들 중 다수가 온라인 구매로 이어진다. 이는 사용자의 니즈를 읽어 보다 쉽고 빠르게 원하는 상품을 찾을 수 있도록 한 인터페이스의 힘이기도 하다.

지난해까지 홍콩을 주력지역으로 했던 내일여행이 올해는 일본 지역으로 시야를 돌린다는 계획이다. 이미 FIT여행객 수가 높은 비중을 차지하고 있는 일본을 주시하는 것은 어쩌면 당연한 것인지도 모른다. 이진석 대표가 바라보는 일본은 매우 큰 규모의 시장이다. 항공기 뿐 아니라 페리나 크루즈 등 선박 운항도 활발히 이뤄지고 있는 곳이 바로 일본이기 때문이다.

그는 일본 FIT시장 상품의 질을 높이는 데 주력할 것이라고 밝혔다. 내일여행은 현재 팀장 등 외부 전문 인력을 영입해 시장개발을 노리고 있는 상태다. 이에 보다 고급스러운 일본 FIT상품의 출현이 기대된다.

여행미디어_취중담화 2009년 2월 인터뷰

살아남는 자가 뛰어난 것

신문에는 항공사들의 항공 수수료 인하 정책이 연일 발표되고 여행업계 관계자들은 생존을 위한 대책을 마련하고자 동분서주하고 있다. 이러한 가운데 이해를 달리하는 관련협회 대표자들은 각자 제 살길만을 찾다보니 업계는 한목소리조차 내지도 못하고 있고, 변화를 미리 눈치 채지 못한 기업은 패닉상태로 빠져들고 있다. 단순히 항공 수수료 2%가 줄어들어 당황하기보다 향후 여행사들의 수익 구조가 더 이상 항공 수수료로 지탱할 수 없다는 판단 때문이다. 이런 변화 속에서 준비되지 않은 여행사들은 게임의 법칙상 도태되기 마련이다.

일부에서는 그동안 공급 과잉 상태였던 여행사들이 이번 기회에 정화되는 것 아닌가 하는 낙관적인 시각도 존재한다. 그러나 자연 정화가 아닌 외부의 물리적인 방법으로 정화를 시도하다가는 자칫 부작용이 나타날 수 있다.

미국의 토머스 쿤Thomas kuhn은 패러다임이란 어느 주어진 사회의 구성원들에 의해 공유되는 신념, 가치, 기술 등을 망라한 총체적 집합을 가리킨다고 정의한다. 최근 여행업계는 급격한 패러다임의 변화 속에 곳곳에서 성장통을 겪고 있는 모습을 쉽게 발견할 수 있다. 첫 번째 변화는 역시 항공 수수료 문제로 불거진 유통 구조에 기반을 둔 수익 구조의 변화이다. 단순히 항공권을 판매하여 항공 수수료로 회사를 운영하던 여행업의 수익 구조는 변화하고 있다. 이제 항공권은 항공사에서 고객에게 직접 판매하는 구조로 변화하고 있다. 단순 항공권 판매는 항공사가 직접 판매하고, 여행사는 여행 상품을 포함한 여행 서비스를 판매하는 역할로 패러다임이 변하고 있다.

만약 어느 항공사가 항공권 판매로 인하여 발생하는 항공 수수료를 회사의 수익 모델로 가지고 있다면 여행 서비스를 판매하는 회사로 수익 모델 전환이 시급한 상황이다. 또한 유통구조 패러다임의 변화는 항공권뿐만 아니라 여행 상품의 유통 구조도 변화시키고 있다. 이제 제도권으로 막 진입하기 시작하는 랜드 오퍼레이터와 여행사간의 경계도 허물어진 상황이다. 항공사. 여행사, 랜드사로 이어지는 삼각 유통구조가 더 이상 유지되기 힘들어지고 있다.

패러다임의 두 번째 변화는 과학적 발전에 기초한 유통채널의 변화이다. 최근 2~3년 사이에 소비자의 여행 상품 선택의 특징이 급격하게 변화하고 있다. 브랜드 인지도, 가격, 정보탐색 같은 여러 소비자 선택 속성 요인 중에서 인터넷을 기반으로 하는 유통 채널 변화는 혁명에 가깝다. 신문 광고를 통하여 대 고객 직접 판매를 하던 방식이나, 소위 '가방 모찌'라고 불리던 영업 사원들이 여행사들을 돌아다니며 방문 판매하던 간접판매의 유통 구조가 수 년 전까지 여행업을 지배하였다면, 최근에는 인터넷을 통한 직접 혹은 간접 판매 형태로 유통 채널이 급격하게 변하고 있다. 요즘 잘나가는 여행사들을 살펴보면 대부분은 인터넷이라는 유통 채널을 가지고 있다. 과거 방식의 유통 채널을 이용해 성공하는 여행사는 더 이상 찾아보기 힘들다.

여행업 패러다임의 세 번째 변화는 인력구조이다. 과거 여행사는 저임금에 바탕을 둔 노동 집약적 산업이었다. 하지만 최근 여행업의 인력구조를 보면 고임금의 인력구조로 변화하고 있다. 동네 구멍가게 수준에서 다른 산업과 당당하게 경쟁 할 수 있는 기업으로 성장한 여행사들은 글로벌 경쟁 시대에 살아남기 위하여 고임금의 글로벌 인재가 필요하게 되었다. 이런 상황이다 보니 여행업은 저임금 노동 집약적 산업에서 고임금 고부가가치 산업으로 그 패러다임이 변화하고 있다. 이런 인력구조에서 살아남을 수 있는 수익모델이 없다면 당연히 경쟁에서 도태될 수밖에 없다.

여행업의 패러다임은 선수조차 헷갈릴 정도로 급격하게 변하고 있다. 이런 변화 속에 참새잡이 산탄 공기총을 들고 뛰어다녀봐야 부질없는 짓이다. 저격수의 총은 한방에 총알

한 개만 날아가 정확하게 목표를 관통해야만 목적이 달성된다. 선택과 집중으로 패러다임 변화의 중심에 서야 그나마 살아남을 수 있는 것을 알 수 있다. 뛰어난 사람이 살아남는 것이 아니라 살아남은 자가 뛰어난 것이다.

세계여행신문 2008년 2월 칼럼

오리가 동물의 왕으로 뽑힌 까닭은?

이솝 우화에 동물들이 모여 왕을 뽑기로 했다. 첫 번째로 왕이 되기에 조금도 부족함이 없어 보이는 육지의 맹수 용맹한 사자를 추천하였다. 그러나 '날지도 못하는 동물이 어떻게 왕이 될 수 있겠는가?'하며 새들이 반대하였다. 새들은 독수리를 동물의 왕으로 추천하였다. 그러자 '물속을 헤엄치지도 못하는 동물이 어떻게 왕이 될 수 있는가?'하며 물고기들이 반대하였다. 물고기들은 고래가 왕이 되어야 한다고 주장하였다. 동물들은 날마다 회의를 거듭한 끝에 모든 것을 할 수 있는 오리를 왕으로 선택하였다.

어떤 기업이라도 모든 분야에서 다 잘 할 수는 없다. 시장이 독점 체제가 아닌 경쟁 체제인 까닭에 경쟁사가 바보가 아닌 이상 시장을 호락호락 내줄리 만무하다. 기업 전략의 핵심은 선택과 집중이다. 그러나 여행업계를 살펴보면 대부분 오리의 경쟁력으로 왕이 되려고 발버둥 친다. 대리점 영업으로 성공한 모 여행사를 벤치마킹해서 서로들 대리점을 늘리려고 혈안이다. 그러다보니 대리점의 결속력은 떨어지고, ○○사 상호를 내건 대리점에서 경쟁사 상품을 파는 것이 다반사요, 여행사들의 외형적인 모습은 대부분 비슷비슷해져간다. 기업의 고유색깔Identity은 없어지고 판매하는 상품이나 판매 방식이 대동소이하다.

신문광고의 회사 로고를 가리면 소비자들은 어느 회사 상품인지 구분조차 할 수 없다. 그러다 보니 무지막지한 광고 노출 빈도와 싼 가격이 영업의 핵심 키워드로 자리 잡게 된다. 전 세계 120여 개국에서 7,000여개의 소매점이나 백화점 유통 판매망을 가지고 있는 글로벌기업 베네통Benetton사의 판매 체제가 가지는 특징은 국내 여행사들에게 시사하는 바가 매우 크다. 베네통사는 브랜드 사용료를 받지 않는 조건으로 엄격한 기준을 거쳐 매장들을 선발하고 이들 매장에서는 자사 상품 이외는 취급하지 못하게 한다. 강한 결속력으로 기업의 경쟁력을 키우는 것이다.

최근 여행업의 트렌드는 개별여행 시장이다. 하지만 많은 여행사에서 오리를 동물의 왕으로 선발하려는 행위가 계속되고 있다. 개별여행 상품을 운영 할 수 있는 시스템이나 인력 인프라를 구축하지 않고 경쟁사의 인력을 데려오거나, 전문화되지 않은 타 분야의 인력을 긴급 투입하여 개별여행 상품을 급조하여 운영하려는 시도를 하고 있다. 하지만 경쟁사에서 운영에 필요한 시스템과 핵심 인력을 경쟁사가 바보가 아닌 이상 쉽게 노출하거나, 빼앗기겠는가? 그러다보니 패키지상품 혹은 인센티브상품 운영 방식이나 상

용 항공권 판매 방식으로 개별여행 상품을 운영하는 현상
이 도처에서 목격된다. 경쟁사에서 상품을 운영하니 치밀
한 전략 없이 비슷한 상품을 나열하여 판매하고 있다. 이런
현실 속에서 고객이 진짜 원하는 가치를 만족시킬 수 없어
소비자에게 외면 받는 악순환은 계속되고, 종국에는 시장
에서 퇴출당하게 된다. 급격하게 성장하는 시장에서는 대
충 비슷하면 물건이 팔리지만 불황기 시장이나 성숙기 시
장에서는 고객에게 통하지 않는다. 지금 여행업이 급격한
성장기인지는 의문이 든다. 정보 혁명이라고 불리는 인터
넷은 소비자의 선택 기준을 더욱 까다롭게 만들었고, 소비
자의 가치기준에 조금이라도 못 미치면 놀라운 속도로 그
정보가 국경 넘어서라도 전파된다.

한 기업이 모든 분야에서 다 잘 할 수는 없다. 다방면에서
잘 할 수 있다는 것은 오만에서 오는 환상에 불과하다. 오
리처럼 다방면에 조금씩 경쟁력을 가지면 생존게임에서 살
아남을 수 없다. 하늘을 지배하는 독수리가 되든지, 땅위를
지배하는 사자가 되어야만 사람이나 기업이나 경쟁에서 살
아남을 수 있는 것이다.

오리의 우화를 현대판으로 재해석하면 우리에게 던지
는 메시지는 더욱 강하다. 오리가 육지의 왕이 되기 위하여
땅위에서 죽어라 사자처럼 달리기 훈련을 하면 물갈퀴가
헤어져 물속에서 헤엄을 칠 수 없고, 독수리가 물속에서 생

활하는 훈련을 반복한다면 깃털이 빠지고 날개가 젖어 종국에는 날 수 조차 없게 된다.

사람이나 기업이나 선택과 집중을 통하여 고객의 가치 기준에 적합한 자기 개발을 해야만 치열한 생존 경쟁에서 살아남을 수 있다. 지금 혹시 우리 기업이, 내 자신이 미운 오리가 되려고 발버둥치는 것은 아닌지 자문해본다.

세계여행신문 2008년 3월 칼럼

여우와 신 포도 이야기

이솝우화에 나오는 여우와 신 포도 이야기는 우리 업계의 현실과 아주 흡사하다. 먼 길을 힘들게 걸어온 여우가 목이 말라 샘물을 찾기 위해 두리번거리다 포도덩굴에 탐스럽게 열린 포도를 발견했다. 하지만 군침이 돌도록 맛있게 생긴 포도는 너무 높은 곳에 매달려 있어 있는 힘껏 뛰어올라 보았지만 딸 수 없었다. 그렇게 하루 종일 뛰어 오르기를 반복하다 지치자 "흥, 저까짓 시어빠진 포도를 내가 먹나 봐라." 라고 중얼거리며 포기했다.

눈을 돌려 여행업계를 살펴보면 신 포도를 포기한 여우의 모습을 많이 볼 수 있다. 내가 할 수 없는 일, 우리 회사가 경쟁사보다 뒤처지는 일이 발생하면 무조건 상대방을 깎아 내리려고 한다. 그러면서 나 혹은 우리 회사는 할 수 있으나 별반 소득이 없어 손을 대지 않았다고 말한다. ○○회사가 M&A에 성공해 증권 거래소에 우회 상장하면 그 파괴력에 대한 긍정적인 효과는 차치하고 직상장이 아니라서 별 재미없었다고 평가 절하한다. 그러나 자신은 자기 회사의 어디에서 투자 소식이 없는지 귀를 쫑긋 세우고 다니거나 욕하던 회사로 이직을 감행한다. ○○사가 전세기 사업을 하면 경쟁사는 당장 항공사로 달려가 우리도 전세기를 신청하겠다고 난리 법석이다. 그러다 사업이 여의치 않으면 상대방 회사를 비방하기 시작한다. 전세기에 모객이 되지 않아 협력업체에 의무적으로 참가를 종용하고 결국 엄청난 적자가 발생했다고 말하는 것이다.

○○사가 저가 상품으로 시장 진입에 성공하여 많은 고객을 유치하자 비슷한 처지에 있던 회사들은 일제히 비난 전쟁에 뛰어든다. 덤핑 상품 때문에 마치 업계 전체가 1~2년 이내에 망할 것처럼 열변을 토한다. 그러나 저가 상품을 운영하던 회사 중 일부는 수년이 지나도 계속 영업을 하고 있고 이제는 많은 회사들이 새로운 수익모델로 따라 하기 바쁘다. 물론 저가상품을 옹호하려는 의도는 아니다. 다만 저가상품을 시장원리에 맞게, 자신만의 경쟁력으로 적절한 원가절감을 통하여 가격을 인하하였을 경우는 신 포도가 아니라 잘 익은 포도이기 때문에 지속적으로 고객이 찾고 기업이 성장할 수 있지만 자신의 경쟁력을 무시한 채 무리하게 경쟁사의 전략을 따라한다면 정말 신 포도로 전락한다는 논리다.

여우와 신 포도 이야기를 현대적으로 재해석한 독일의 '에리히 캐스트너'이야기를 들으면 더욱 공감백배다. 그 여우가 드디어 천신만고 끝에 큰 포도송이를 하나 땄다. 여우는 포도송이 자체보다 그 포도를 딴 자신이 대견스러웠고, 주위에는 많은 여우들이 몰려와 부러워했다. 자신이 주목받고 있는 시선을 의식한 여우는 포도를 먹기 시작한다. 그러나 그 포도는 정말 신 포도였으며 주위 시선을 의식해 괜히 땄다는 말도 못한 채 계속 먹다가 결국 위궤양으로 죽는다.

남에게는 좋아 보이지 않지만 나에게는 가장 소중한 일들이 주위에 많이 있다. LG전자의 안승권 MC 사업 본부장이 2007년 바르셀로나 3GSM 세계회의 기자 간담회에서 한 말처럼 삼성전자에서는 저가 휴대폰이 신 포도일지도 모르지만 LG전자에게 맛있는 포도가 될 수도 있다. 동일한 사물이지만 보는 사람의 눈높이에 따라 각기 다른 모습으로 비춰질 수 있는 것이다. 경쟁자를 비방하거나 상대방 회사를 평가절하 하기보다 역지사지로 상대방을 서로 배려하는 모습이 절실히 필요하다.

세계여행신문 2008년 4월 칼럼

이제는 여행PB가 대세다!

혹시, 크라운맥주를 기억하는가?

대부분의 젊은 세대들에게는 하이트맥주가 좀 더 친숙하지만 둘 다 조선맥주라는 회사의 맥주 브랜드다. 조선맥주는 경쟁사 동양맥주에서 만드는 OB맥주의 그늘에 가려 80년대까지 시장 점유율이 약 30%로, 그다지 인기있는 편은 아니었다. 하지만 일순간 뒤집기에 성공한 조선맥주의 브랜드가 하이트맥주다. 하이트맥주가 출시되기 전 대부분의 사람들에게 '맥주는 보리로 만든 술'이라는 인식이 강했다. '맥주는 보리로 만든 술'로만 인식되던 때는 크라운맥주가 시장에서 실패했지만, '맥주의 90%는 물'이라는 새로운 관점의 인식이 대두되자 하이트맥주는 대박을 터트렸다. 지하 150미터의 초정 암반수라는 깨끗한 이미지로 소비자들에게 어필한 것이다. 이는 맥주 맛의 비결은 '보리'라는 고정관념을 '물'로 바꾼 계기가 되었다. 물론 다양한 수단의 세일즈 프로모션 효과도 있었지만, 역시 일등공신은 '맥주' 하면 떠오르는 이미지를 보리에서 물로 포지셔닝을 변경한 것이라는데 이의를 제기할 사람은 없을 것이다.

최근 국내 중소 규모의 여행사들은 항공 수수료 인하, 부익
부 빈익빈 현상의 가속화로 대부분 향후 생존에 대해 심각
하게 고민을 하고 있다. 나름대로 발 빠르게(?) 대처하는 일
부 소규모 여행사들은 대형여행사의 대리점으로 간판을 바
꾸어 달고 영업을 지속하고 있다. 대리점 간판을 달았다지
만 대부분의 경우 낮은 단계의 구속력을 가지고 있어 A여
행사의 간판을 달고 경쟁사인 B여행사의 상품을 판매하는
데 별다른 제지를 받거나 도덕적 가책을 느끼지 않는다. 하
지만 이대로 시간이 흘러간다면 작은 여행사들의 기업 정
체성은 사라지고 결국 대형여행사의 그늘에 가려 언젠가는
시장에서 퇴출당할 것이다. 시장에서는 여행사의 주된 수
익 모델을 항공 수수료에서 여행 상품 알선 수수료나 듣기
에도 생소한 고객부담 서비스 수수료Transaction Fee로 변화하라
고 지속적인 압력(?)을 가하고 있는데 정작 피해 당사자인
소규모 여행사에서 변화라는 모습을 찾기가 어렵다.

맥주회사들이 벌인 전쟁의 결과에서 소규모 여행사들의 생
존 전략을 찾아보자. 지금까지 여행 상품을 누가, 얼마나,
잘 생산하고 유통시키는지에 대한 단계의 제로섬 게임을
했다면 이제는 고객 개개인의 상황을 잘 이해하고 그들의
욕구를 충족시켜 줄 수 있는 단골 고객 관리로 게임 무대
를 전환 시켜야한다. 보리로 만든 술이 맥주라는 고정 관념
을 깨끗한 물로 만든 술이라는 이미지로 포지셔닝을 변경

한 것처럼 작은 여행사들은 많은 단골 고객을 확보하여 소비자 개개인에 대해 맞춤형 관리를 할 수 있는 고객 관리 시스템으로 생존 전략을 바꾸어야한다. 어느 한 대형여행사가 모든 여행 상품을 잘 만들어 시장에서 인정받을 수는 없다. 하지만 작은 여행사들은 상품을 생산하려는 노력 대신 어떤 회사에서 생산한 여행 상품이 좋은 지 정보를 수집해 단골 고객들 개개인의 욕구에 맞춰 다양한 회사의 여행 상품을 제공할 수 있다면 시장에서 생존 할 수 있는 확률은 높아진다.

은행 · 보험 · 증권 · 부동산뿐만 아니라 대부분의 업종에서 PB라는 직업군을 흔히 찾아 볼 수 있다. 이들은 관련 분야에서 고객 개개인의 상황에 맞게 맞춤형 관리를 해주는 공통점을 가지고 있다. 이를 여행업에도 적용하여 대형여행사는 여행 상품을 생산하고, 작은 여행사들은 자사의 정체성을 지키면서 여행PB로서 단골 고객을 많이 확보하여 여행 상품을 유통시키는 채널로 포지셔닝을 변경한다면 규모의 경제에서 밀려난 작은 여행사들도 대형여행사들과 서로 상생할 수 있을 것이다.

세계여행신문 2008년 5월 칼럼

대악재가 폭발한 잔인한 봄!

최근 필자는 여행업 관련인들의 모임에서 '살아남자'라고 말하는 모습을 흔히 본다. 심지어 "내년에 이 초청 모임에 다시 나올 수 있을까?"라며 회의적인 어조로 말씀하시는 중견 기업의 대표자도 있다. 비록 모양새는 빠지지만 너도나도 힘들다는 소리를 입에 달고 산다. 업계의 한 원로는 이렇게 이야기한다. "1989년 해외여행 자유화 이후 최악의 상황이다. 힘들어도 이렇게 힘든 것은 처음이다." 업계 수위권에 있는 이 회사가 이러한데 다른 회사 상황이야 오죽하겠는가.

호사다마好事多魔라 했던가! IMF기간을 제외하고는 20년 가까이 가파른 상승 곡선을 그리며 성장하던 여행업계에 악재란 악재가 한꺼번에 닥쳤다. 최근 업계의 위기 상황을 초래한 주범들을 살펴보자.

첫째, 유가 급등이다. 연말까지 1배럴당 200달러까지 올라 3차 오일쇼크가 올 것이라고 많은 전문가들이 이야기한다. 항공요금 원가에 기름 값이 40%를 차지한다고 한다. 유가 상승으로 단거리 노선은 항공요금보다 유류 할증료와 Tax

가 더 비싼 경우가 비일비재하다. 설상가상으로 항공사의 도산 위기를 막고자 정부는 현행 16단계의 유류 할증료를 변경해 인상할 것을 검토하고 있다고 한다. 이미 4월부터 유류 할증료는 최고 단계까지 적용되고 있다. 향후 항공 요금이 오르는 것은 어쩌면 너무나 당연한 일인지 모른다. 하지만 정부 대책에 항공사 문제는 있어도 여행사 문제는 언급조차 없다.

둘째, 환율 급등이다. 많은 여행사들이 환율 급등으로 1/4분기에 이미 대부분의 행사가 적자로 전환됐다고 말한다. 더욱 불안한 것은 향후 환율 변동 폭을 아무도 예측하지 못하고 있다는 것이다. 출발 2~6개월 전에 여행 상품을 출시해야 하는 업계 특성으로 인해 환율 급등에 따른 적자는 고스란히 여행사가 감당해야 한다. 여행 상품에 외환 리스크에 대한 안전장치는 찾아 볼 수 없다. 항공사는 유류 할증료로 어느 정도 위험 부담이 감소되지만 여행 요금은 제외인 것이다. 상품 판매 이후 외부 변화로 인해 출발 전에 계약 당시보다 요금을 올리면 당연히 소비자 권리 침해로 최악의 경우 법정 다툼까지 각오해야 한다.

셋째, 지구 도처에 발생하는 자연재해이다. 미얀마 사이클론으로 10만 명의 피해가 발생한지 불과 1개월도 되지 않아 발생한 중국 지진은 악재 그 자체이다. 전체 출국자의 20%

이상을 차지하고 있는 중국에서 발생한 지진으로 인해 가뜩이나 비수기라 손님이 줄어든 업계는 직격탄을 맞은 셈이다. 이웃나라의 우환을 보고 여행하고 싶은 강심장을 소유한 소비자는 그리 많지 않다.

넷째, 항공 수수료 인하이다. 국적항공사들이 7%로 항공 수수료를 인하한 후 예측한 대로 외국 항공사들은 다시 5%로 항공 수수료를 인하하고 있다. 대부분의 여행 상품 가운데 항공 수수료가 차지하는 비중은 50% 이상이다. 비록 2~4%의 인하지만 여행 수익에서는 10%~20% 의 수익 감소로 환산된다. 여행사들의 수지 악화는 불 보듯 뻔한 상황이다.

이렇듯 몇 년에 한 번 발생할까 말까 하는 여행업의 4대 악재가 금년에 동시에 터진 것이다. 혹자는 IMF를 능가하는 수준이라고 한다. 과거에 발생한 작은 위기는 부익부 빈익빈 현상으로 나타난 여행사들 간의 제로섬 게임이었다면, 이번 위기는 외부 환경 변화로 발생한 위기 상황이라는 차이가 있다.

하지만 영웅은 전장에서 탄생하고, 큰 기업은 위기에서 나온다고 한다. 똑똑한 사람이 살아남는 것이 아니라 살아남는 자가 똑똑한 형국이다. 생존을 위해 지혜를 모아 이전투구 해야 할 잔인한 6월이 시작되고 있다.

세계여행신문 2008년 6월 칼럼

여행업계에 IMF를 능가하는 수준이라고 할 정도의
4대 악재가 동시에 터졌다.
과거에 발생했던 위기가 부익부 빈익빈 현상으로 나타난
여행사들 간의 제로섬 게임이었다면,
이번 위기는 외부 환경 변화로 발생한 것이라는데 차이가 있다.

그 자리가 네 자리냐?

내 지갑 속에는 15년 전부터 꼬깃꼬깃 접혀있는 낡은 종이 한 장이 소중히 간직되어있다. 그동안 지갑이 해어지거나 선물을 받아 여러 번 지갑이 바뀌었어도 여태 버려지지 않고 그대로 간직되어 있는 유일한 물건이다. 평소 가족사진은 지니지 않고, 주민등록증, 운전면허증도 세월이 지나 갱신하였으니, 본의 아니게 내 지갑 속에서 가장 오래된 물건(?)인 셈이다.

이 낡은 종이는 1995년 회사를 창업할 무렵에 뜻을 같이 했던 직원가족들과 큰맘 먹고 인천에 있는 중국음식점에 저녁식사 하러 갔을 때 식탁 위에 수저를 받치는 1회용 종이 식탁보에서 찢어 온 것이다. 지금 다시 읽어보면 그리 엄청난 지식이거나 금과옥조가 될 만한 글귀는 아닌 것 같은데, 왜 아직도 지갑 속에 소중히 간직하고 있는지 나 자신도 잘 이해가 가지 않는다.

15년 전, 창업할 무렵 '왜 내가 창업을 해야 하는가?', ' 능력 있고 재주 많은 다른 사람도 많은데 왜 내가 해야 하는가?', '괜히 나 때문에 직원들만 힘들어 지는 것은 아닐까?',

'괜히 직원들 마음속에 희망이라는 풍선만 가득 채워놓고 바람이 빠지면 하늘로 날아가 버리는 것은 아닌가?', '과연 내가 이 일을 잘 해낼 수 있을까?'라는 고민에 빠져 몇 날 며칠 밤을 잠을 설쳤었다. 그러던 중 중국음식점 식탁 위의 종이 식탁보에 적혀있던 이 글귀는 나에게 한줄기 빛과 같았다. '그래, 한번 해보는 거야. 열심히 하다가 나보다 더 능력 있는 사람이, 혹은 나보다 이 일에 더 열정 있는 사람이 나타나면 미련 없이 과감하게 넘겨주면 되지, 왜 벌써부터 일어나지 않은 일에 두려워하는 거지?'라 생각하며 종이 식탁보에 적혀있던 이 글귀를 찢어서 지갑 속에 간직한 것이 벌써 15년이나 지난 것이다.

"才不勝, 不可居其位. 職不稱, 不可食其祿"
"지닌 재주가 일을 감당하기 어려우면 그 지위에 있을 수 없고, 직책에 걸맞은 역량이 없으면 그 녹祿을 먹어서는 안 된다" 명나라 유학자 호거인胡居仁이 쓴 거업록에 나온 글이다.

창업한 지도 15년이나 흘렀다. 그동안 IMF금융위기로 기업이 넘어질 뻔한 적도 있었고, 2003년 사스SARS 사건으로 기업이 위기에 빠지기도 하고, 2008년 가을 발생한 전 세계 금융 위기로 인하여 아직까지 어려움을 겪고 있다. 이렇게 어려움이 닥칠 때마다 혼자 있는 시간이 되면 지갑을 뒤적여 이제는 낡고 해어진 이 종이 한 장을 꺼내놓고 다시 생각을 해본다. '현재 내가 서있는 이 자리가 과연 내 자리인가? 혹시 나의 오만함으로, 직책에 걸맞지 않는 나의 능력으로 인하여 다른 이들을 곤경에 몰아넣고 있는 것이 아닌가?'라고 자문해보기도 한다.

관광업계에 선거 바람이 불고 있다. 역대 어느 때보다도 경쟁이 치열하다고 한다. 관광업계를 대표하는 관광협회중앙회와 일반여행업협회 회장을 뽑는 자리니 만큼 그럴 법도 하다.

하지만, 선거에 출마한 분들에게 묻고 싶다. 과연 지금 도전하는 자리에 걸맞은 역량을 지니고 있는지? 그 자리에 걸맞은 역할을 지금까지 해오고 있는지? 혹시 어느 날 갑자기 메시아처럼 나타나 힘없는 중생들을 구제하고 싶은 생각이 든 건 아닌지, 아니면 무리한 욕심에서 나온 과욕은 아닌지 묻고 싶다.

과욕필패 무욕무패過慾必敗 無慾無敗다. 자리에 걸맞은 역량 있는 사람이 욕심을 버리면 승리한다. 사심 없이 관광업계를 이끌어 갈 수 있는 역량 있는 인물이 나왔으면 하는 바람이다.

세계여행신문 2009년 11월 칼럼

0% 수수료, 생각을 바꾸자

모 국적 항공사가 17개월 후 0%의 항공 수수료 정책을 발표 한 후 여행사들이 갈팡질팡하고 있다. 환율인상, 유가인상, 항공 수수료 인하, 경기 침제, 자연 재해 등 온갖 악재가 난무하는 시기에 '카더라 방송'까지 겹쳐 여행사들의 속을 새카맣게 태우고 있다.

미국의 경우 2000년 3만개 이상의 여행사가 커미션 축소 후 2005년에는 2만 1,000개 미만으로 줄어들어 결과적으로 전체 여행사중 1/3이 사라졌다고 한다. 유럽의 경우에도 15년 이상 지속돼 오던 9%의 항공 수수료가 점차 축소되어 최근에는 사라져 가는 추세이다. 최근의 항공 수수료 단계별 축소 및 폐지와 관련해 여행사들의 움직임을 살펴보면 답답하기만 하다. 항공사들의 움직임은 보이지 않는 손에 의해 일사불란하게 단계별로, 조직적으로 움직이고 있는데 여행사들의 대응책은 불났다고 소리치며 우왕좌왕 할 뿐 119에 신고하거나 물을 길어다 불을 끄려는 사람이 보이지 않는다. 이래서는 말 그대로 불을 보듯 결과는 뻔하다. 항공사들은 외국 항공사와의 경쟁, 국제 관행, 소비자 보호 등과 같은 이론적 논리를 배경으로 치밀한 전략을 구사하며 17개월 후를 도모하고 있는데 여행사들은 당장 7, 8월 성수기 모객 부족으로 발등에 난 불 끄는 것조차 힘겹다.

발상의 전환에 이은 치밀한 대응전략이 절실히 필요하다. 여러가지 대응 방법이 있겠지만 먼저 항공 수수료가 축소나 폐지되어야 한다는 생각을 근본적으로 버려야한다. 그렇다고 거리에 나가 피켓을 들고 시위를 하거나, 다른 물리적인 힘으로 항공 수수료 폐지 반대 운동을 벌이자는 뜻은 아니다. 현재 구조는 항공 알선 수수료를 항공 요금에 포함시켜 소비자에게 징수한 후, 차후 항공사로부터 여행사가 지급 받는 방식이다. 이때 항공사가 수수료를 폐지한다면 발상을 전환하여 새로운 수수료 징수 방법이 생긴다고 생각하자. 소비자를 대상으로 17개월 후에는 항공 수수료 부과 방식이 변경됨을 지금부터 항공사와 여행사가 공동으로 홍보해야한다. 과거에 없었던 수수료를 새로 만드는 것도 아니고, 기존에 있었던 수수료를 부과하는 방법만 바꾸는 것이라고 언론과 업계가 한 목소리로 적극 홍보해야한다.

물론 후속조치로 BSP^{Billing and Settlement Plan}와 연계하고 수수료를 항공료에 부과해 징수한 후 과거처럼 다시 여행사가 돌려받는 전산시스템을 개발하거나, 여행사가 부과하는 수수료 항목을 예약비용, 취소비용, 환불비용, 일정 변경에 따른 비용 등과 같이 세분화하는 등 합리적인 대안을 만들

매년 봄, 가을이면 어김없이 철새 직장인들이 나타난다.
신입 직원 중에는 더 좋은 직장으로 이직하기 위한
징검다리 역할로 작은 회사를 선택하는 선천적 철새들도 있다.

어야 소비자의 저항감이 사라진다.

거듭 당부하지만 여행업계 사람들이 '항공 수수료는 축소 혹은 폐지되는 것이 아니라 부과 방식이 변경되는 것'이라고 발상의 전환을 빨리 해야 후속 조치를 할 수 있다. 지금 상태로 진행되면 정말 항공 수수료는 축소 또는 폐지되고 말 것이다. 전산 개발에도 최소 수개월이 필요하다. 물리적인 시간은 부족한데 여행사들의 행동이 통일되지 않으면 미국의 경우처럼 수많은 여행사들이 도산하게 된다.

또한 이 기회에 그동안 부당하게 지불돼 오던 각종 비용을 국제 관행에 맞게 개선해 달라고 항공사에 요구해야 한다. 여행사가 항공사에서 수수료를 지급 받음으로서 갑과 을의 관계로 자연스럽게 흐르던 관행을 깨고 요구 할 것은 당당하게 요구해 여행사 역시 관광 산업의 축으로 확실히 자리 매김 하는 것이 필요하다. 수수료를 정당하게 여행사가 직접 부과하는 방식으로 변경되는 제도가 정착된다면 전화위복이 되어 여행사에게 더 큰 기회가 찾아 올 수도 있지 않을까?

세계여행신문 2008년 7월 칼럼

금메달보다 값진 꼴찌

베이징올림픽에서 부상 투혼으로 진한 감동을 준 역도 이배영 선수의 이야기가 연일 화제다.

인상에서 155kg을 들어 한국 신기록을 세운 터라 용상에서 이변이 없는 한 당연히 금메달은 그의 몫이었다. 하지만 태어나서 단 한 번도 생기지 않았던 근육경련이 1차 용상 시기 중 양발에 차례대로 나는, 그야말로 이변이 발생했다. 그는 포기하지 않고 바늘로 종아리를 십여 차례 찔러가며 2차시기에 도전했으나 바벨을 들어 올리지 못했다. 현장에 있던 6,000여 중국 관중들도 이제 포기하겠거니 생각했지만 그는 3차시기에 다시 도전했다. 비록 성공하지 못했지만 바닥에 쓰러지는 마지막 순간까지 바벨을 붙들고 있는 그의 모습에 한국인에게 줄곧 냉소적이던 중국 관중들도 "짜요!^{힘내라}"라는 응원과 함께 뜨거운 박수갈채를 보냈다. 결국 부상에다 실격까지 당했지만 그는 환한 표정을 잃지 않고 무대에서 내려왔다. 이보다 값진 메달이 있을까? 금메달을 목에 건 그 어떤 선수가 이보다 큰 박수를 받을 수 있었을까? 비록 실패를 했지만 끝까지 최선을 다하는 그의 모습에서 진정한 프로의 모습을 볼 수 있었다.

진정한 프로는 어떤 상황에서도 환경을 탓하지 않고 최선을 다한다. 베이징올림픽 8강에서 금메달의 꿈은 이루지 못한 남자 핸드볼 선수단의 훈련 모습은 눈물겹도록 처절했다. 올림픽을 앞두고 베이징의 더운 날씨에 대비해 선수단은 일부러 뙤약볕이 내리쬐는 오후에 혹독하게 훈련했다. 10년 전 하키장을 목적으로 만들어진 훈련장은 인조잔디가 아니라 마룻바닥이나 마찬가지였다고 한다. 그러나 선수단은 변변한 스포츠 음료 한 병 없이, 구토까지 할 정도로 혹독한 훈련을 감행했다고 한다. 그래서 비록 금메달은 목에 걸지 못했지만 최선을 다한 그들에게 우리는 아낌없는 박수를 보낸다.

눈을 돌려 우리들의 모습을 살펴본다. 매년 봄, 가을이면 어김없이 철새 직장인들이 나타난다. 신입 직원 중에는 더 좋은 직장으로 이직하기 위한 징검다리 역할로 작은 회사를 선택하는 선천적 철새들도 있다. 여행사 창업을 밥 먹듯이 하는 기업인도 있다. 덤핑 상품으로 시장의 유통 질서는 흐려놓고 정작 자신은 거래처에 미수만 잔뜩 깔아 놓은 채 부도를 낸 후, 2~3년간 잠적했다 다시 나타나 또 회사를 차리고 명함을 내미는 기업인도 있다. 이들에게 프로 정신은 찾아 볼 수 없다.

여행업계에 재미난 이야기가 있다. 각종 회의에 참석하면 회원명부를 만든다. 그러나 회원명부는 회원들의 잦은 이직으로 회사명은 유명무실하다. 회의에 참석하면 사람은 같은데 회사명은 수시로 바뀌어 차라리 회사명으로 회의를 소집하지 말고 인명록으로 회의를 소집하자는 말까지 나온다.

진정한 프로는 조직의 비전과 가치를 공유하면서 시작한다. 아마추어는 개인의 이익과 기호에 따라 행동하지만 프로는 조직의 가치를 위해 행동한다. 아마추어는 개인의 건강을 위해 운동을 하지만 프로는 소속 구단의 가치 증진을 위하여 운동을 한다.

나의 프로정신은 어느 정도 수준인가? 조직의 비전과 가치를 위해 나는 얼마만큼 자기 개발을 하고 있는지 자신을 돌아보자. 구토가 나도록 노력하지 않고도 성공 할 수 있는 것은 그리 많지 않다. 최선을 다할 때 우리는 꼴찌에게도 박수를 보낸다. 부상 투혼의 역도 이배영 선수가 경기 후 남긴 말 한마디는 우리에게 시사하는 바가 매우 크다. "성적은 꼴찌지만 나는 최선을 다했기에 꼴찌가 아니라고 생각한다."

세계여행신문 2008년 8월 칼럼

사자성어로 풀어본 불황기 대처방안

줄탁동기^{啐啄同機}와 순망치한^{脣亡齒寒}

줄탁동기란 '병아리가 알에서 나오려면 새끼와 어미닭이 안팎에서 함께 알을 쪼아야 한다'는 뜻이고, 순망치한이란 '입술이 없으면 이가 시리다'라는 뜻으로 가까운 사이에 하나가 망하면 다른 한편도 어렵다는 의미이다.

재미있는 것은 삼성경제연구소가 운영하는 경영자대상 정보 사이트 'seri CEO'가 2008년 불황대처를 위해 CEO가 새겨야 할 사자성어에서 노사 임직원간 화합으로 힘을 합치자는 의미의 '줄탁동기'를 20.1%로 1위로 선정했다고 한다. 또한 2007년 CEO들을 대상으로 '오늘의 내가 있기까지 가장 힘이 되어준 습관'을 사자성어로 정리한 것 중 19.7%로 1위를 차지한 것이 '순망치한'이다. 두 조사를 하나로 합쳐 불황기에 대처하는 성공하는 CEO의 습관 1위는 '순망치한의 습관으로 줄탁동기하게 회사를 운영하자'이다. 결국 '나 혼자 잘 나가봐야 소용없으니 잘 될 때나 안 될 때나 주위를 살피고 주변 사람들과 힘을 합하면 불황을 이겨 나갈 수 있다'는 의미다. 과연, 현실은 그럴까? 시장에서 돌아가는 작금의 대처방법을 보면 나 혼자 살겠다고 회사는 회사대로, 직원은 직원대로, 갑과 을의 업종 간에는 부실폭탄 돌리기로 시린 이^齒를 고쳐주기는커녕 이빨을 송두리째 뽑아 버리는 경우가 비일비재하다.

거두절미^{去頭截尾}와 형설지공^{螢雪之功}

두 설문조사의 합산 결과 2위는 '거두절미, 형설지공'이었다. 어려운 처지에서 부지런하게 공부하는 자세로 경영상 불필요한 자원의 분산을 줄이고 핵심 사업에 집중해 불황 탈출을 노린다는 의미이다. 결국 불황기에는 선택과 집중이다. 많은 여행사들이 불황기가 오면 제일 먼저 하는 일이 감원과 임금삭감이다. IMF시절의 학습 효과로 이번에도 여기저기서 감원, 감봉, 무급휴가가 실시되고 있다. 물론 기업의 최고 목표는 생존이다. 하지만 생존을 위한 처방을 너무 손쉬운 곳에서 찾는 것 같다.

　　최근 수년 동안 여행업종은 그나마 호황기로 기업의 체질개선도 많이 됐고, 체력도 많이 비축됐다. 아이러니한 것은 불황기에 가장 먼저 감원, 감봉, 무급휴가를 실시하는 곳이 부잣집들이다. 물론 사업규모가 커져 그만큼 위험요소가 많아졌겠지만 그래도 이건 옳지 않은 듯하다. 한계사업이나 수익성이 덜 나는 사업을 정리하고 그만큼 비용을 줄여 핵심 사업에 집중하는 것이 감원이나 변칙적으로 임금을 삭감하는 것보다 위기관리에 훨씬 도움이 되지 않을까?

교토삼굴狡兔三窟과 일신우일신日新又日新

두 설문조사의 합산 결과 3위는 '교토삼굴, 일신우일신'이
었다. 항상 새로운 아이디어와 새로운 방식을 추구하는 습
관으로 혹시 모를 위기 상황에 대처하자는 의미인 듯하다.
그동안 많은 기업들이 신상품을 개발하거나 사업 분야를
넓혀 새로운 먹거리를 찾기보다는 편하게 잘 만들어진 남
의 상품 베끼기에 혈안이 되어있지 않았는지 생각해 보게
하는 사자성어이다.

　　비온 뒤 땅이 굳어지고, 전화위복轉禍爲福이라 했다. 어려
운 상황에 나 혼자 살겠다고 발버둥치기보다 다함께 살자
는 마음가짐이 절실히 필요한 때이다.

세계여행신문 2008년 10월 칼럼

치킨게임으로 내몰리는 여행 상품

수년 전 온 나라를 떠들썩하게 만들었던 신정아 사건의 최
대 수혜자는 프랑스 명품 브랜드 '에르메스'가 아닐까? 사
건 당시 언론에서는 신정아씨의 사치스러움과 신분 상승을
위한 로비스트의 이미지를 부각시키기 위해 그녀에게 '에
르메스의 연인'이라는 별명을 붙였다.

덕분에(?) 에르메스는 광고비 한 푼 지불하지 않고도 최고
명품 이미지를 전 국민에게 각인시킬 수 있었다. 연중 단 한
번도 세일을 하지 않는 프랑스 명품 에르메스는 매년 두 번,
철 지난 자사 제품을 스스로 불태워 버리는 것으로 유명하
다. 재고 상품을 싼값에 팔면 브랜드 이미지에 손상을 줄 수
있어 불태워 버린다고 한다. 다른 명품 브랜드들이 철 지난
상품을 30~50% 할인된 가격에 팔고 있는 반면 에르메스는
브랜드 이미지 유지를 위한 고도의 마케팅 전략을 구사하
고 있는 것이다. 그 결과 소비자들은 에르메스를 명품중의
명품, 명품의 귀족이라 부르는데 조금도 주저하지 않는다.

삼성전자는 1995년 3월 구미사업장 앞마당에서 500억 상

당의 휴대전화기 15만대를 불태워 버렸다. 애니콜 휴대폰의 불량률이 0.25%정도이던 시절, 품질에 대한 고객들의 불만을 접한 이건희 회장이 당시 구미 공장을 담당하고 있던 이기태 이사에게 불량 전화기를 모두 폐기하라는 지시를 내렸다. 현재 생산중인 제품은 물론이고 시장에 유통되고 있는 제품까지 모두 수거해 불태워 버렸다. 두 회사의 공통점은 전 세계 소비자들에게 명품으로 인식돼 있으며 가격도 경쟁사와 비교해 매우 비싸게 포지셔닝 돼있다는 점이다. 심지어 삼성전자의 휴대폰은 한 때 중국에서 부의 상징처럼 인식되기도 했다.

여행 상품이 일부 부도덕한 사람들에 의해
치킨게임으로 내몰리고 있다.

치킨게임의 결말은 뻔하다.
잃는 것은 소비자의 신뢰요, 그 끝은 기업의 도산이다.

구정 연휴 후 첫 출근 한 오늘, 두 개의 신문기사에 시선이 간다. 첫 번째 기사는 2년 이상 지속됐던 세계 반도체업계의 '치킨게임Chicken Game'이 마침내 막을 내릴 것으로 전망된다는 기사이다. 치킨게임의 끝을 알리는 신호는 세계 D램 5위 업체인 독일기업 키몬다의 파산으로 인한 D램 가격 하락이 멈춘 것이었다. 결국 심각한 가격 경쟁이 경쟁사의 파산으로 인해 정상화돼 간다는 이야기다. 치킨게임에서 양자가 모두 승리하는 경우는 마주 보며 달리는 자동차에서 마지막 순간까지 핸들을 꺾지 않고 정면충돌 한 후 양자 모두 자멸 할 때라고 한다.

두 번째 기사는, 여행 상품의 가격이 추락했다는 기사다. 경기 침체로 인해 여행사들이 중국을 포함하는 동남아 여행 상품 가격을 10~30만 원 대에 내놓고 있다고 한다. 사실 항공료와 세금Tax을 포함해 먹여주고, 재워주고, 여행시켜주는데 그 가격이라면 누구나 마음이 흔들릴 것이다. 하지만 이 가격이 정상적으로 원가 절감을 통해 책정된 것인지 강한 의구심을 떨쳐 버릴 수가 없다. 결국 여행 상품이 일부 부도덕한 사람들에 의해 치킨게임으로 내몰리고 있다. 치킨게임의 결말은 뻔하다. 잃는 것은 소비자의 신뢰요, 그 끝은 기업의 도산이다.

전문가들은 한국의 여행 상품에 명품이 없다고 한다. 소비

자들에게 무한 신뢰를 받으며 제값 받고 팔 수 있는 상품
이 나타나지 않는다고 한다. 고육지책으로 정부가 나서서
시행 중인 '우수상품 인증제'도 시행된 지 수년이 흘렀지
만 정착은 고사하고, 이를 알고 있는 소비자가 오히려 신
기할 정도다.

　명품은 경쟁사와 치킨게임을 하지 않는다. 그저 가격에
흔들리지 않고, 소비자의 신뢰를 한 몸에 받으면서 상품의
품질을 높이는데 관심을 갖는다. 과연, 한국의 여행 상품 기
획자들 가운데 명품을 만들기 위해 노력하는 사람은 얼마
나 될까? 또 어느 정도의 노력을 하고 있을까? 덤핑상품으
로 내몰리고 있는 여행 상품의 현실이 안타까울 뿐이다.

세계여행신문 2009년 2월 칼럼

개별자유여행 브랜드 '금까기'

내일여행 개별여행상품 브랜드 '금까기'라는 브랜드의 탄생 비화를 한마디로 축약하면 "소 뒷걸음치다 가재 잡은 격"이다.

2004년 가을, 점심시간에 회사에서 도보로 5분 거리에 있는 덕수궁을 갔다. 머릿속이 복잡 할 때면 으레 혼자 걷는 것이 버릇이다. IMF 사태 때도 그랬다. 1997년 12월 IMF 사태가 터져 여행사들이 우왕좌왕 속절없이 부도를 내고 무너질 때, 내일여행이 그래도 간판은 내리지 않고 살아남을 수 있었던 원동력은 고민이 많을 때 혼자 말없이 걷다가 문득 내렸던 결정 때문이었다.

그해, 8월 그 당시 강남에 있던 필리핀 항공에서 비즈니스 미팅을 하고 서소문에 있는 사무실로 돌아오다가 머리가 복잡하여 사무실로 오지 않고 한강둔치로 갔다. 과연 이대로 내일여행이 지속 될 수 있을까? 창업할 때 직원들이 우리사주로 구입한 금액까지 합하여 자본금이 총 2억3천만원이였지만 다 써버리고 이제 지불해야 할 채무액만 5억7천만 원이 남았다.

사실, 창업 3년차인 1997년에 내일여행은 배낭여행 시장 1위를 달리고 있었다. 물론, 1위라는 숫자가 자체 집계이긴 하지만 10년 동안 이 시장을 처음 개척하고 창업 전 줄곧 판매 1위 여행사에서 실무 총 책임자였으니 거의 정확한 수치라 확신할 수 있다.

배낭여행 시장 1위를 창업 3년 만에 이루는 쾌거를 달성했지만 뒷맛이 영 개운치 않았다. 여름 방학, 겨울방학 때 아무리 배낭여행 상품을 팔아도 회사의 연간 운영비에는 턱없이 모자랐다. 신생업체이다 보니 공격

적인 마케팅으로 비용 상승 요인도 있었지만 회사의 안정적인 수익 모델
이라고 할 수가 없었다. 설상가상으로 1989년 여행 자유화 조치 이후 9년
동안 연 평균 30% 이상 성장하던 학생여행 시장이, 1997년 여름방학 시
장을 결산해 보니 전년도 보다 성장 폭이 많이 둔화 된 느낌 이었다. 배낭
여행 상품의 기본이 되는 유레일패스 한국 총 판매량이나 항공 수요를 복
합적으로 감안하여 시장 규모를 추산해 볼 때 성장세가 많이 둔화 된 느낌
이었다. 사실, 이 느낌은 다음해 전년도 출국자 통계 분석에서 사실로 확
인되었다.

결론은 단순했다. 현재 상황은 위기이다. 이를 돌파하기 위해서는 새로운
수익모델 개발과 비용 절감이다. 배낭여행 시장에서 1등을 하여 앞은 보
이지만, 더 이상 돈을 빌려 운영자금을 마련하는 것은 자살 행위다. 이 때
사채 금리가 2부 이자였으니 은행 금리로 따지면 연리 24%가 되는 셈이
다. 시장의 성장이 과거처럼 고속 성장 할 것 같지도 않았다. 생존을 위한
결단을 내려야했다.
　　사무실로 돌아와 직원을 모아놓고 현 상황을 가감 없이 이야기하자
일부 직원들은 왜 잘나가고 있는데 후퇴 하는가 의문을 제시했다. 그러나
다행히 전 직원들이 동의해서 다음날부터 구조조정을 시작했다. 먼저, 강
남과 신촌에 있던 사무실의 철수 결정을 내렸다. 강남 사무실의 경우 인테
리어 비용만 1천만 원이 넘게 들어갔는데 철거 후 원상 복귀 금액만 800
만원이라는 소리에 눈물이 앞을 가릴 정도였다. 하지만 결정을 내린지 한
달 만에 강남점과 신촌점은 철수되었다. 이때가 9월 말 이였다.
　　두 번째, 비용 절감에 이어 새로운 수익 모델 개발이었다. 당시 시장
에서 제일 싼 항공료가 배낭여행 시장에 공급되었었다. 특히, 유럽의 경우
항공료는 상용시장에 공급되던 항공료의 2/3 수준이었다. 새로운 수익 모
델은 이 값싼 항공권을 상용 시장에 공급하는 아이디어였다. 이를 실행하
기 위하여 회사 회의실 한 구석에 "관계자 외 출입 금지"라는 무시무시(?)
한 팻말을 붙여 놓고 전 직원이 교대로 돌아가며 아침 8시30분부터 저녁
10시까지 4대의 컴퓨터에 업종별로 고객 데이터베이스를 구축하였다. 당
시는 인터넷이 지금처럼 보급되지 않아 고객들에게 가장 빨리 동시에 보

낼 수 있는 통신 수단이 동시 팩스였다. 지금의 동시 이메일 발송서비스로 보면 비슷하다. 업종별로 한 번에 동시에 팩스를 발송 할 수 있도록 데이터베이스를 구축한 것이다. 9월부터 2개월 동안 전 직원이 이 작업 매달리다 보니 약 20만 개의 업종별 고객데이터가 구축되었다.

　　이것이 토대가 되어 극적으로 상용 항공권 시장에 진입하기 시작할 무렵 IMF 금융위기가 닥쳤다. 금융위기 당시 단순여행자로 불리는 레저마켓은 전멸한다. 그나마 무역을 하는 상용 여행시장만 간신히 축소되어 시장의 명목을 이어가게 된다. 결국, 12월 IMF 사태가 터지기 이전, 3개월 동안 비용을 축소하고 새로운 수익 모델을 개발을 한 것이 내일여행이 부도를 내지 않고 시장에서 살아남을 수 있었던 원동력이 되었다. 1997년 8월 말 한강 둔치를 걸으며 내린 결정이 회사를 살린 셈이 되었다.

2004년 가을에 덕수궁을 걸으며 또 한 번의 힘든 결정을 하였다. 2003년 전 세계를 강타한 사스(SARS)사건으로 세계적으로 여행수요는 급감하였고 한국도 이를 피해가지 못하여 많은 여행사들이 또 한 번의 위기를 맞았으나 내일여행은 그동안 기업의 기초체력이 튼튼해져 꾸준한 성장세를 보였다. 하지만 대형패키지사와 비교하여 아직 많이 부족하다는 생각을 떨쳐 버릴 수 없었다.

　　지금의 수익 모델로는 선두를 탈환 할 수 없다. 패키지여행 상품 시장이 레저마켓에서 차지하는 비중이 너무 커 지금의 수익 모델로는 역부족이었다. 패키지여행상품 시장에 진출할까 여러 번 고민하였다. 사실, 패키지여행 상품 시장 진출을 염두에 두고 사무실도 확장해 놓고 책상까지 미리 마련해 두었으나 최종 의사 결정을 계속 미루고 있는 상황이었다.

덕수궁 경내를 10바퀴쯤 돌았을 때 마침내 생각을 정리 할 수 있었다. 패키지상품에 진출해 대형 패키지사들을 이긴다는 건 시간과 비용 면에서 내일여행이 불리하다. 판을 바꾸자. 판을 바꿔야 이길 수 있다.

"패키지여행상품 수요를 다른 여행상품으로 돌려야한다" 라는 결론에 도달하자. 다음 상황은 신속히 진행되었다. '개별여행 상품으로 승부수를 띄

우자. 이미 배낭여행을 경험하였거나 해외여행을 수차례 경험한 소비자를 공략하자. 다행이 이미 패키지여행의 부작용에 대하여 경험한 소비자가 많이 있지 않은가? 개별여행상품이 미국, 일본, 유럽처럼 시장의 주류로 형성된다면 충분히 승산이 있다.'결정이 어렵지 한번 결정되자 일은 일사천리로 진행되었다. 먼저, 기존 상품과 차별화를 이루기 위하여 생생한 현지 정보가 중요하여 전 직원을 10월부터 3개월 동안 직접 소비자가 되어 경험하게 하고 생생한 현지 정보를 획득하게 하였다. 동시에 홈페이지 개편 작업을 위하여 인건비 포함 1억 원 정도를 투자하였다.

다음은 브랜드 작업이다. 업게에 처음 나오는 상품이라 개별여행이라는 여행상품의 특징과 상품을 동시에 홍보하려면 많은 비용이 소요된다. 이를 최소화 시키려면 강한 브랜드 이미지가 필요했다. 때마침 주5일제 근무가 도입되기 시작하는 무렵이어서 주말 상품에 대한 소비자 문의가 증가하고 있는 시기였다. 한 번 듣고 상품의 특징을 잘 설명 할 수 있는 브랜드를 찾아 고민하다가 금요일 저녁에 출발하여 일요일 저녁에 들어오는 주말여행 상품 콘셉을 잘 표현한 '금요일에 가출하기'로 결정하였다. 브랜드명을 만든 후 초등학교로 달려갔다. 멍청한 일 같았지만 초등학교 앞에서 5~6학년으로 보이는 학생들을 붙잡아 "금요일에 가출하기가 뭐니?"라고 질문해 보았다. 초등학생들의 의견은 대동소이 하였지만 결론은 "금요일에 떠나는 것"이라는 답변이 자연스럽게 흘러 나왔다.

사실 가출이라는 단어는 그동안 내일여행에서 '유럽으로 가출하기'라는 유럽 정보 책자와 가출이라는 계간 잡지를 통하여 꾸준히 내일여행과 이미지를 동일시 시켜온 단어였다. 이후 가출이라는 단어를 이용하여 내일여행에는 '홍콩으로 가출하기', '오사카로 가출하기' 등의 여행 정보 책자를 발행하고 있다.

개별여행상품의 브랜드로 '금요일에 가출하기'를 사용하기로 결정하고 개별여행 상품을 기획 및 운영 할 수 있는 태스크포스팀을 인터넷기획팀과 엮어서 한 팀으로 결성하였다. 하지만, 워낙 비용도 많이 들고 그 파급 효과가 클 것으로 예상되어 극비리에 진행하는 프로젝트인 만큼 금요일에 가출하기라는 브랜드를 상표 출원만 하고 사내에도 비밀로 부치기로 하였다. '금요일에 가출하기'를 진행 할 태스크 포스팀명을 '금까기'로 정했다. 본래 금요일에 가출하기의 줄인 말은 '금가기'이지만 어감과 뜻이 좋지 않아 비슷한 말을 물색하다가 '알까기'에서 힌트를 얻어 '금까기'로 팀명을 정했다.

이듬해 3월, 준비기간 6개월이 지나 상품 출시 일을 1995년 3월1일을 D-day로 잡았다. 10개국 23개의 상품이 '금요일에 가출하기'라는 브랜드로 처음 출시되자 소비자의 반응은 기대보다 매우 빨랐다. 여행업계 신문에서는 연일 새로운 소비자 트렌드에 걸 맞는 개별여행이 제대로 출시되었다고 대서특필되었고, 개별여행자들이 현지에서 쉽게 여행 할 수 있도록 매 시간별로 대중교통을 이용하여 관광지를 이동하며 여행 할 수 있는 여행 일정표가 처음 만난 관광업계 사람들과 소비자 사이에 입소문으로 매우 빠르게 확산되었다.

금요일에 가출하기 상품이 출시된 지 2개월이 지난 후, 위기에 봉착하게 된다. 소비자가 몰리면서 주말에 출발하는 항공편 확보가 점점 어렵게 되고 가격도 주중에 비하여 비싸게 책정되기 시작하여 대량수요 확보가 어려워지게 된 것이다. 설상가상으로 브랜드명이 '금요일에 가출하기'이니 소비자들은 주말 상품만 판매하는 걸로 오인하는 사례가 자주 발생되었다. 사실, 주말 출발 보다 주중 출발이 수익이 많이 발생하기 때문에 기업 입장에서는 효자다. 대량수요 창출과 수익성이라는 두 가지 딜레마에서 다시 고민에 빠졌다. 대량수요 창출을 위하여 주중 출발이 절박한 상황이다.

며칠을 고민한 끝에 내린 결론은 브랜드명 교체 쪽으로 가닥을 잡았다. 상품 출시 2개월 만에 대박을 터뜨리며 빠르게 자리잡혀가는 브랜드를 하루아침에 접으려니 직원들의 반대도 많았다. 새롭게 떠오른 브랜드가 '금까기'다. 개별여행상품 런칭 당시 태스크포스 팀명 이였기에 직원들도 무난히 수긍하는 눈치였다. 하지만 '금까기'로 새롭게 브랜드를 런칭하려니, '금까기'단어가 가지고 있는 문제점이 너무 많았다. 자칫 잘못하면 '알까기'로 오인 될 소지가 있고, '금'이라는 단어가 순금이 아닌 부정적인 이미지를 연상하는 '금지'로 오인 될까 걱정이 많았다. 브랜드 런칭을 다시하며 가장 신경 쓴 부분은 '금까기'가 순금을 연상 시킬 수 있도록 이미지를 고정시키는 것이었다. 이를 위하여 "내 인생의 보물찾기, 금까기" 란 이미지 타이틀이 만들어지게 되었으며, 브랜드 런칭 광고에는 순금을 연상 시키는 이미지로 만들었다. 동시에 예약하는 고객에게 추첨을 통하여 순금을 증정하는 행사와 금까기 3행시 행사를 대대적으로 벌이게 되었다.

그 결과 '금까기'가 보물찾기 이미지로 소비자에게 받아들이기 시작하였으며, 여행상품 매출도 주중 출발하는 소비가가 많이 들어 소위 대박 상품 반열에 들게 되었다. 이후 매년 연초 한국 여행신문이 선정하는 개별 여행 소비자 인지도 조사에서 '금까기' 브랜드는 압도적인 차이로 4년 연속 1위를 차지했다.

아버지의 유언

가끔 TV에서 아직 호랑이가 살아 있을 만한 곳이라고 소개되는 산골마을, 38선에서도 자동차로 30분 북쪽으로 더 가야 나오는 군사 접경지, 이제는 매년 추운 겨울에 열리는 산천어 축제로 유명한 강원도 오지, 화천이 내 고향이다. 대학 졸업 후 이제는 1년에 한두 번 가는 곳이지만 고향이란 말이 나올 때마다 18년 전 고인이 되신 아버지의 모습이 중첩돼 떠오른다. "소꼴 해 와라.", "밭에 김매러 나가자." 초등학교 고학년부터 고등학교 때까지 방과 후 집에 오면 아버지에게 귀에 못이 박힐 정도로 들은 말이다.

초등학교 6학년 때, 학교가 끝나면 삼삼오오 몰려다니며 개울가에 나가 물장구치고 산과 들로 놀러 다니던 친구들이 부러워 담임선생님 댁에 간다고 거짓말하고 늦게까지 놀다 집에 들어갔다가 들통이 나 아버지에게 종아리에 피가 나도록 맞았다. 아버지는 그게 마음이 편치 않으셨는지 다음날 읍내 장에 가서 갖고 싶어 하던 운동화를 사다주셨다. 지금도 그때를 생각하면 저절로 눈물이 난다. 운 좋게 대학에 합격하고, 집을 떠나던 날 평소 말씀이 없으셨던 아

대학을 졸업하고 직장에 취직한 후 부모님을 찾아뵈었던 날,
아버지는 한편으로는 대견하게 생각하시면서 그래도 못미더우셨던지
"남의 돈 먹기가 쉬운 줄 알아? 회사 일도 농사짓듯 해라."
라고 말씀하셨다.
이 말을 남기시고 1년 뒤, 아버지는 영면의 세계로 떠나셨다.

버지는 "어려운 살림에 장남도 못 보낸 대학에 보내는 것이니 공부도 농사짓듯 열심히 해라."이 말씀만 남기시고 다시 밭으로 나가셨다. 아마도 아버지는 생활비를 넉넉히 챙겨 주시지 못한 미안함에 먼저 자리를 털고 밭으로 가셨는지도 모른다.

대학을 졸업하고 직장에 취업된 후 아버지에게 인사를 드리러 간 날. 한편으로는 대견하게 생각하시면서 그래도 못 미더우셨던지 "남의 돈 먹기가 쉬운 줄 알아? 회사 일도 농사짓듯 해."라고 말씀하셨다. 이 말을 남기시고 1년 뒤, 아버지는 영면의 세계로 떠나셨다. 나를 임종도 못 지킨 불효자로 만드신 아버지의 소식을 듣고 한걸음에 달려 내려가 이미 차갑게 식어버린 아버지의 시신을 붙잡고 나는 하염없이 울었다. "아버지, 이제 조금만 있으면 좋은 날 보실 텐데…. 효도 할 기회도 주시지 않고 왜 이렇게 빨리 우리 곁을 떠나셨어요." 원망스러운 마음에 한참을 대성통곡했다. 이렇게 우리 곁을 바삐 떠나신 아버지의 유언은 졸지에 '세상일을 농사짓듯 해라'가 됐다.

농사일은 농부가 게으름을 피우면 당장은 표가 나지 않지만, 시간이 지나 추수 때가 되면 많은 차이가 난다. 밭에 나는 한 포기 풀을 당장 뽑지 않는다고 열매를 적게 맺는 것은 아니지만 게으름이 반복되면 시나브로 밭은 풀로 가득

차 추수의 양이 현저히 줄어들게 된다. 반대로 아기 키우듯 정성을 다하며 하루 종일 밭에 머무르는 부지런한 농부의 밭은 수확이 좋을 수밖에 없다. 하지만 나는 이런 농부의 마음을 한 동안 알지 못했다. 어릴 적에는 일만 시키시는 아버지가 미웠고, 조금 성장해서는 폼 나고 편하게 돈 벌 수 있는 일이 얼마나 많은데 생산성 없는 농사일을 하시는지 이해가 가질 않았다. 그러다 군대를 제대하고, 복학하고, 대학을 졸업할 즈음에 비로소 아버지의 뜻을 조금씩 알게 됐다.

사실 나는 졸업을 하고 그렇게 폼 나는 직장에 들어가지 못했다. 미래에 대한 비전Vision은 잘 보이지 않았고, 장가도 가기 힘들다던 여행사에 들어왔다. 그렇지만 직장에 들어와 신입직원 시절부터 자신과 약속한 '회사 일을 농사짓듯 하자'란 신념은 창업한지 15년이 지나고, 고객 수탁금이 연간 1,000억 원에 이르고, 정규 직원이 100명이 넘는 회사를 운영하는 지금까지도 지키고 있다. 나는 직장 생활 20년 동안 결근이나 그 흔한 지각도 잘 하지 않는다. 가끔 몸이 아파 새벽까지 끙끙 앓다가도 아침 7시 이전에 집을 나서 회사로 출근한다. 이런 나의 모습에 아내는 "당신 없이도 회사는 잘 돌아가."라며 잔소리를 한다. 그나마도 지쳤는지 이제는 "당신은 일 중독자야."라고 말한다. 하지만 나는 이런 아내에게 마음속으로 말한다. '회사 일이 농사와 똑같아 조금씩 게으름을 피우면 밭에 풀들이 자라고 언젠가는 황무지로 변해'라고…. 어느새 아버지가 내게 하신 말씀이 마음 속에 각인되어 이제는 아내에게 혹은 이미 대학생이 돼버 린 아들에게 똑같은 말을 하고 있다.

"세상일을 농사짓듯 하라."고 하신 아버지의 유언 아 닌 유언이 지금의 나를 만들었다. 하지만 당신의 시신屍身을 붙들고 "효도 할 기회도 주지 않고 가버리신 아버지가 원 망스럽습니다."라고 통곡하던 19년 전이나 지금이나 아버 지는 내 곁에 계시지 않는다. 이번 주가 어버이날이니 시골 에 계시는 어머니를 찾아뵈어야겠다. 시간이 지나 후회하 지 않도록 이번에는 어머니를 꼭 업어 드려야겠다.

세계여행신문 2009년 5월 칼럼

울고 싶은데 뺨때려!

엉켜버린 실타래처럼 지난해 9월부터 급격하게 꼬이기 시작한 여행업계가 최근 불거진 신종플루, 노무현 전 대통령 서거, 북한 핵실험이란 신종 3대 악재로 인해 거의 패닉상태에 빠졌다. 여행경기가 살아나는 시점을 기다리기도 한 듯이 때를 맞추어 갑자기 나타난 신종플루 때문에 모객인원보다 취소인원이 더 많다고 하소연이고, 6월 출발하는 패키지 수요는 찾아보기 어려워 힘든 시련의 계절이 다가오고 있음을 예고하고 있다.

대한민국 최고의 자리에서 물러난 지 1년이 조금 지난 시점에, 자살이라는 비극으로 막을 내린 전직 대통령의 죽음은 국민들에게 충격과 공허함이라는 심리적 상실감을 주고, 불난 집 부채질하듯 펑펑 터트리고 있는 북한의 핵실험과 미사일 발사는 한반도에 불안한 긴장감을 조성해 여행 소비 심리를 꽁꽁 얼어붙게 한다. 지난해 하반기 고유가, 고환율, 세계적인 경기침체라는 3대 악재에 직격탄을 맞아 임직원 임금삭감, 구조 조정 등으로 간신히 숨만 쉬고 있었는데 여기 신종 3대 악재까지 겹치니 여행업계는 절망으로 치닫고 있다.

분명 이번 신종 3대 악재는 지난해 그것과는 차이가 있다. 지난해에는 불행 중 다행(?)으로 성수기 이후인 9월에 악재가 최고조에 이르러 어느 정도 직격탄은 피해갔으나, 이번 악재는 최성수기를 앞두고 막 모객을 시작하는 시점에 연이어 터져 우리를 더욱 당혹스럽게 한다. 패키지업계에서는 모객을 위한 광고도 내리고 있는 개점휴업 상황이며, 향후 사태가 더욱 악화되지 않을까 노심초사하고 있다. 강을 건널 때 물의 깊이를 모르면 얕은 물에도 두려움 때문에 사람들이 빠져 죽듯이 대형으로 터지는 악재의 연결고리 끝을 알 수 없으니 더욱 불안하기만 하다.

두 번째 차이는 지난해 발생한 3대 악재는 여행업계의 펀더멘털이 그나마 버틸 수준은 됐지만 이번 신종 3대 악재는 지난해 발생한 악재들로 인해 기초체력이 대부분 바닥난 상태에서 발생해 더욱 힘들다는 것이다. 설상가상으로 지난 9개월 동안 발생한 악재들이 여행업계 내부의 발전과정에 나오는 성장통으로 인해 겪는 어려움이 아니라, 모두 다 불가항력으로 보이는 외부의 보이지 않는 손에 의하여 겪는 어려움이다 보니 여행업계 종사자들을 심리적 공황상태로 빠지게 한다.

"산이 첩첩하고 물이 겹겹이라 길이 없을 것 같지만, 저 너머에는 꽃향기 풍기는 마을이 있다山重水複疑無路 柳暗花明又一村" 송나라 때 육유의 유산서촌 가운데 한 구절이다.

아무리 악재가 겹쳐도 분명한 것은 모든 위기는 시한부란 특성을 가지고 있다는 뜻이다. 위기는 성공과 실패를 가르는 분수령이다. 위기가 지나면 살아남는 자에게 더 큰 보상이 기다린다. 희망은 우리를 버리지 않는다. 다만 우리가 희망을 버릴 뿐이다.

육유의 시처럼 길이 없을 것 같지만 겹겹이 처진 산과 물을 건너면 꽃 피는 마을이 있다. 위기를 넘기고 그 곳에서 다 같이 막걸리나 한 잔 했으면 하는 바람이다.

세계여행신문 2009년 6월 칼럼

필요한 건 말보다 행동

무인도에 물리학자, 화학자, 경제학자가 표류했다. 이들 앞에 어느 날 갑자기 파도를 타고 스프가 담긴 캔 하나가 떠밀려왔다. 물리학자는 "돌멩이로 쳐서 캔을 따자."고 했고, 화학자는 "불을 지펴서 가열하자."고 했다. 마지막으로 경제학자는 "자, 여기 캔 따개가 있다고 가정해 봅시다."라고 했다. 그 날 밤 경제학자는 수프를 먹었다고 가정하고 잠을 자야했다.

이 우스갯소리는 1970년 노벨경제학상 수상자 폴 새뮤얼슨Samuelson이 원만한 이론 전개를 위해 분석하기 까다로운 영역은 일단 가정하고 넘어가기 좋아하는 경제학의 특성을 꼬집은 것이다.

이 우스갯소리는 또한 모 국적항공사의 항공 수수료 폐지에 따른 여행업계의 대처방식에 시사하는 바가 크다. 소비자는 과연 항공권 수수료 변경제도를 알고는 있는지? 소비자는 과연 수수료를 낼 준비가 되어 있는지? 여행사가 항공 수수료를 별도로 징수하면 소비자가 이를 납득 할 수 있을지? 모든 여행사들이 동참해 이 제도를 지킬 수는 있는지?

저 혼자 살려고 수수료를 청구하지 않는 여행사에 대처하는 방안은 무엇인지 궁금하기만 하다.

현재까지 수수료 청구 대상자가 항공사였다. 그러나 항공 수수료가 폐지되면, 엄밀히 말해 직접적인 수수료 청구 대상자는 소비자로 변경된다. 이론상으로 수수료에 대한 논의는 소비자와 해야 한다. 그러나 불행하게도 우리 이야기를 들어줄 소비자 대표도 없고 기구도 없다. 결국 우리 업계 스스로 자구책을 만들어 전체 소비자들을 대상으로 논리적으로 합당한 이유를 들어 설득해야한다. 사실 기존의 항공 수수료 정책도 외국의 관행을 그대로 한국에 들여 온 것이다. 이미 항공권 수수료 폐지제도를 시행하고 있는 외국의 사례를 집중 부각하고 한국의 실정에 맞는 수수료 징수제도 변경에 대해 설득하는 홍보를 해야 한다.

항공권은 유통구조상 3인1각 경기다. 여행사 · 항공사 · 소비자가 한 몸으로 얽혀 경기를 한다. 결국 제도 변경에 대한 홍보 책임을 해당 항공사와 여행사가 공동으로 져야한다. 남은 시간에 얼마만큼 항공사와 여행사가 소비자에게 변경되는 제도의 당위성과 필요성을 잘 홍보했는지가 성공 여부의 열쇠가 된다.

최근 서구에서 유행하는 행동경제학에서 '인간은 미세한 자극과 유도誘導만 주어지면 훨씬 더 지혜로운 선택으로 옮겨 탈 줄 안다'고 한다. 시카고 대학의 리처드 탈러Thaler 석좌교수는 이 미세한 자극과 유도를 넛지Nudge라는 멋진 단어를 통해 선명하게 표현하고 있다. 항공 수수료를 소비자로부터 여행사가 효과적이고 정당하게 청구 할 수 있도록 해당 항공사는 소비자에게 이 넛지 행동을 지금부터 실시해야 한다. 항공사가 여행사와 진심으로 상생하길 바란다면 수수료 자유화 제도를 홍보하기보다 지난해 항공사들이 유류할증료나 TAX 인상 시 대국민에게 홍보해 소비자가 자연스럽게 받아들일 수 있게 만든 것처럼 여행사의 수수료 청구 당위성에 대한 홍보를 지금부터라도 해야 한다.

세계여행신문 2009년 7월 칼럼

항공권은 유통구조상 3인각 경기다.

여행사 • 항공사 • 소비자가 한 몸으로 얽혀 경기를 한다.

국적항공사의 항공권 수수료 폐지에 따른 대처와 책임을

해당 항공사와 여행사가 공동으로 져야한다.

AIDS가 기업을 망하게 한다

최근 삼성경제연구소가 '경영실패의 주범 AIDS'라는 보고서에서 기업의 실패를 부르는 4가지 요소를 제시했다. AIDS는 이들 4가지 요소 과욕Avarice, 타성Inertia, 착각Delusion, 자아도취Self-absorption의 영문 첫 글자를 딴 것으로 우리 여행업에도 시사하는 바가 매우 크다.

먼저 기업 실패요인으로 과욕Avarice을 지목한다. 통상 선두 기업에서 나타나기 쉬운 현상으로 사업영역을 무리하게 확장하다 새로 진출한 분야는 물론 기존 사업의 경쟁력까지 잃게 된다는 것이다. 성공한 기업 혹은 선두 기업일수록 사업 영역을 확대하려는 '알렉산더의 딜레마'에 빠지기 쉽다고 한다.

여행업에도 이와 같은 현상이 자주 발생한다. 물론 고객서비스 강화라는 멋진 이름으로 포장해 여행업의 유통구조의 한 축을 담당하고 있는 항공사·여행사·랜드사들이 상대방의 사업영역을 무단 침범하는 크로스 오버Cross over를 자주 감행한다. 항공사들은 여행 상품을 직접 기획해 여행사에게 공급하거나 자사 홈페이지를 통해 소비자에게 직접 공급한다. 항공사가 직접 판매하고 있는 에어텔 상품도 크로스오버에 해당한다. 심지어 일부 항공사의 경우 여행사에 제공하는 최저 항공료보다 자사 상품을 더 낮은 가격에 판매해 시장 질서를 파괴하는 장면도 목격된다. 여행사도 마찬가지이다. 언제부터인지 선두기업들이 현지에 랜드사를 자회사 형태로 만들어 직접 랜드사를 운영하기 시작한다. 그것도 무늬만 자회사지 내실은 과거 유통구조와 별만 차이가 없다. 여행사가 랜드사를 직접 운영해서 상품의 질과 고객 서비스는 과연 좋아졌는지, 무리하게 쇼핑센터를 방문하거나 선택 관광을 강요하는 행위는 근절됐는지 묻지 않을 수 없다.

　랜드사도 마찬가지이다. 요즈음은 랜드사가 항공사와 손잡고 여행 상품을 만들어 직접 공급한다. 그렇다고 과연 상품의 가격과 품질이 좋아졌는지, 현지 고객 서비스는 좋아졌는지 의문이 든다. 랜드사도 여행 상품을 공급하려면 제대로 된 제도적 장치를 마련하고 판매하길 바란다. 언제부터인지 여행업은 유통구조의 중심축들이 과욕Avarice에서 출발한 알렉산더의 딜레마에 빠져 헤어나질 못하고 있다.

두 번째 실패요인은 과욕Avarice과는 반대로 타성Inertia에 젖은 경영방식이다. 현재 경영 상태에 만족해 변화와 도전을 주저하고 경쟁 우위를 지키려는 노력을 게을리 하는 경우다.

주위에 잘나가던 여행사가 어느 날 갑자기 부도를 내거나 매각되는 경우를 자주 목격한다. 특히 틈새시장에서 독보적 위치에 있던 여행사와 전문 여행사, 혹은 단기간에 고속 성장한 여행사에서 자주 발생한다. 지금 잘된다고 자만에 빠져 미래를 대비하지 않았기 때문이다.

이밖에 보고서는 신제품이 고객의 인식까지 바꿀 것으로 기대하는 착각Delusion과 시장여건이나 성숙도를 고려하지 않고 혁신만을 내세우는 자아도취Self-absorption를 기업의 실패요인으로 지적한다.

최근 여행사와 항공사들이 무리한 전세기 운영으로 어려움을 겪고 있다. 시장의 여건을 고려하지 않은 채 한탕주의와 무리한 몸집 키우기를 위해 과도하게 전세기 사업을 시도하다 시장 유통질서만 교란하는 일이 비일비재하게 발생하고 있다.

기업의 운명을 한순간에 바꾸어 놓을 수 있는 AIDS 바이러스를 퇴치하는 방법은 본분에 충실하는 것이다. 남의 떡이 커 보인다고 혹은 내가 하면 더 잘 할 수 있다는 과욕이 기업에 화를 자초할 수도 있다. 자기 자리를 지키는 일에서부터 AIDS 바이러스 예방은 시작된다.

세계여행신문 2009년 8월 칼럼

엣지^{Edgy}있게, 디테일^{Detail}하게

최근 유행어 중 최고를 뽑으라면 드라마 '스타일'에서 여주인공 박기자역을 맡은 김혜수가 자주 사용하는 '엣지있게'라는 단어다.

다소 생뚱맞아 보이는 이 말은 순식간에 젊은이들에게 사랑 받는 유행어로 자리 잡았다. 이 말은 영어 'Edge'에서 나온 말로 사전적 의미는 뾰족함, 모서리 등을 뜻한다. 주로 방송계나 광고계에서 많이 쓰인 말인데 과거 독특하다는 의미로 사용하던 '유니크^{Unique}하다'라는 말이 식상해지자 그 뒤를 이은 유행어라고 한다. 이들 업계에서 눈에 띄는 디자인이나 성능을 가졌거나 남들과 차별화 되는 개성 있는 삶을 살아가거나 할 때 '엣지있게'라는 단어를 사용한다고 한다.

하지만 유행에 뒤처지지 않으려고 누구나 재미삼아 한번쯤 사용해 봤을 이 단어가 내포하는 의미는 대단히 크다. 기업이 치열한 생존 경쟁에서 살아남기 위해, 정글로 비유되는 사회에서 개인이 최후의 승자가 되기 위해 금과옥조로 삼아도 될 만한 촌철살인^{寸鐵殺人}의 의미가 숨겨져 있다. 군계일

학群鷄一鶴이라고 한 마리 학은 무리의 닭 속에도 눈에 잘 띈다. 결국 학의 '엣지있는'자태가 다른 무리와 차별화 시킨 것이다. 차별화 전략은 기업과 개인을 성공으로 인도한다. 사실 1만개가 넘는 여행사들 가운데 '엣지있는'기업은 극소수다. 여행 상품이나, 판매 전략 등을 분석 해보면 오십보백보다. 경쟁사와 비교해 눈에 띄게 차별화 된 요소가 없다보니 가격 경쟁에만 몰두하게 되고 종국에는 원가 이하의 덤핑상품이 비일비재하게 나타나는 것이다.

기업이 혹은 개인이 성공하기 위해 필요한 두 번째 키워드는 디테일Detail이다. 세계 최고의 디자이너 조르지오 아르마니는 전 세계 320개 매장에 5,000명의 직원을 두고 있고 연 3조 6,000억 원의 매출을 올리고 있다. 아르마니는 완벽주의자다. 그는 패션쇼의 모든 것을 직접 챙긴다. 무대에 들어가는 소품 하나 뿐만 아니라 모델의 발걸음까지 직접 챙긴다. 그가 운영하는 호텔과 리조트의 경우도 가구와 인테리어는 물론 직원의 유니폼까지 직접 관여한다. "인생에서 의미 있는 것을 달성하기 위해서는 필수적으로 사소해 보이는 디테일에 신경 써야한다. 무엇인가 비범한 것을 창조하기 위해서는 집요할 정도로 가장 작은 디테일에 몰두해야한다."이것이 아르마니의 행동철학이다.

사실 프로라고 불리는 고수들의 행동을 유심히 살펴보면 디테일에 강하다. 다만 보통 사람들이 이걸 이해하지 못

할 뿐이다. 기업이나 개인의 승부는 거창한 구호나 목표에서 결정되지 않고 아주 사소한 것에서 결정되는 경우가 많다. 기업이 혹은 개인이 '1등 기업' 혹은 '고객 만족' 이라는 거창한 구호를 만들어 외친다고 성공하는 것이 아니라 이를 위해 사소한 것, 작은 것 하나를 차곡차곡 챙기는 디테일한 부분에서 승패가 결정 나는 경우가 많다.

1만개가 넘는 여행사들 가운데 '엣지있는' 기업은 극소수다.
여행 상품이나, 판매 전략 등을 분석 해보면 오십보백보다.
남의 회사 일정표를 베끼는 건 물론이고
광고 선전 문구까지 그대로 베껴 쓰는 경우도 허다하다.

많은 여행사들이 고객만족을 위해 혹은 수익 극대화를 위해 거창하게 준비를 한다. 저마다 업계 1등이 되기 위해 신규 상품도 출시하고, 광고 물량도 늘이고, 가격도 낮추고, 사람이 몰린다 싶으면 여기저기 제휴 마케팅을 통해 외연을 넓히려 부지런히 노력들을 한다. 하지만 이들 기업의 여행 상품 내용을 살펴보면 참으로 한심하기까지 하다. 회사는 막대한 비용을 지불해 총력전을 펼치고 있는데 상품의 내용을 보면 남의 회사 일정표를 베끼는 건 물론이고 심지어 남의 회사 광고 선전 문구까지 그대로 베껴 쓰는 경우가 허다하다. 디테일이 부족해 전체가 실패로 이어지는 경우다. 몸 전체를 명품으로 도배했으나 손톱 밑에 낀 때를 보지 못해 망신당하는 것과 같은 이치다. 결국 디테일이 부족하기에 이들 기업의 성공 가능성은 낮아 질 수밖에 없다.

기업 혹은 개인이 유행어처럼 '엣지있게', '디테일하게' 스스로를 남과 차별화 시키고 작은 것, 사소한 것까지 꼼꼼하게 챙긴다면 성공은 아주 가까운 곳에서 우리를 기다리고 있을 것이다.

세계여행신문 2009년 9월 칼럼

9월 위기설, 위기관리는?

1990년대 중반에 모토로라는 스타택^{StarTAC}이란 휴대용 포켓 사이즈 휴대폰을 개발해 60%의 시장 점유율, 58%의 당기 순이익 증가율을 기록하며 4,300만 명의 고객을 확보하였다. 그러나 모토로라는 불과 몇 년 뒤 자체 기술진으로 디지털 셀룰러 칩 개발에 몰두하다 시간만 소비한 채 실기失期하여 시장에서 밀려난다.

반면 나이키는 'Just Do It' 이란 광고 카피처럼 급변하는 경쟁사회에서 성공적으로 위기관리를 한 기업으로 손꼽힌다. 1972년 자본금 1,000달러의 작은 기업에서 출발하여 불과 10년 만에 스포츠화 부문 세계 1위를 차지하는 놀라운 성과를 이루었다. 그러나 사세확장과 더불어 신발, 의류, 모자, 가방, 장갑, 장비 등 각종 스포츠용품으로 사업 분야를 확대해 나가면서 나이키 고유의 전문성을 상실하고 주 수입원인 조깅화 부문마저 매출부진으로 이어져 고전을 면치 못하게 된다. 여기에 때마침 불어 닥친 에어로빅 열풍으로 리복이라는 경쟁사가 선전하게 되자 나이키는 결국 위기에 봉착하게 된다.

그러나 나이키는 시장을 세분화하고 차별화된 마케팅

전략으로 위기를 극복해 나간다. 조깅화는 조깅화 부문에서, 에어로빅화는 에어로빅화 부문에서 경쟁사인 리복과 경쟁하도록 하면서, 컬러화로 차별화시킨 브랜드 이미지를 농구화 부분에서 구축함으로써 농구화 부분 1위 업체인 캔버스를 물리치고 종국에는 캔버스를 흡수 합병한다.

잭 웰치 전 GE 회장은 "초일류 기업의 위기관리는 아무리 맞아도 넘어지지 않는 튼튼한 체력과 누구보다 먼저 생각하고 빠르게 행동하는 스피드를 갖추고 있느냐에 달려있다."고 말한다. 또한 "핵심기능만 빼고 모두 아웃소싱하라."

아직 여행업계는 시장 성숙도나
사업 구조, 재무관리 면에서 매우 취약하다.
게다 새로운 시장을 개척하려는 노력보다
밥그릇 싸움에 몰두해있다.

고 주문한다. 모토로라는 스피드가 느려 위기를 극복하지 못하고, 나이키는 비록 단기간에 성장한 기업이지만 민첩한 스피드와 튼튼한 체력을 가지고 있었기에 성공적으로 위기를 극복할 수 있었다고 진단한다. 세계적인 거대 기업이지만 나이키는 자체 소유의 공장을 하나도 가지고 있지 않으니 기업이 민첩할 수밖에 없었다.

IMF사태를 뛰어 넘을 커다란 폭풍이 여행업계를 연일 강타하고 있다. 9월 들어 영업 실적 악화로 BSP가입 탈퇴 여행사가 10년 만에 최고조에 이르고 있다고 한다. 연초부터 유가상승, 환율상승, 항공 수수료 축소 및 폐지에 이어 여행 수요 감소로 그야말로 죽을 맛인 여행업계가 '검은 화요일'로 다시 한 번 휘청거리고 있다. 지난 주 추석 연휴기간 미국계 대형투자은행인 리먼브라더스의 파산과 메릴린치의 전격적인 매각 등 미국 금융시장이 위기에 휩싸이면서 국내 증권시장이 동반 폭락하고 환율은 폭등하는 등 공황상태에 빠졌다. 미국의 월가가 한국의 추석 날 '피의 일요일'을 맞았다면, 한국은 곧바로 '검은 화요일'을 맞았다. 환율은 10년 만에 최대 폭등하여 1,160을 돌파하고, 주식시장의 코스피 지수는 하루에 무려 90P 이상 하락하게 되었다.

매년 가을 여행업계는 부도설에 끊임없이 시달리게 되는데 이는 대부분의 대형 패키지 여행사들의 성수기인 7~8월의

지상비 결재가 9월에 몰려 있기 때문이다. 아무리 2008년 여름 성수기에 많은 업체들이 재미를 못 보았다지만 그래도 다른 계절에 비교하여 많은 수요가 발생한다. 이런 이유로 9월 환율 폭등은 여행사, 랜드사 양쪽 모두 혜택을 보지 못하는 최악의 상황이다. 6월 성수기 상품 기획 출시 단계와 비교하여 무려 1$ 당 200원 가까이 상승한 것이다. 환율 폭등으로 여름 장사가 폭삭 주저앉은 상황이다.

이런 상황에서 기업의 위기관리는 잘 준비되어 있는지 걱정이 앞선다. 아직 여행업계는 시장 성숙도나 사업 구조, 재무관리 면에서 매우 취약하다. 시장의 선도 기업마저도 위기관리 프로그램이 미약한 수준이다. 나이키처럼 새로운 시장을 개척하기는커녕 밥그릇 싸움에 몰두해있다. 연일 악재로 전전긍긍하는 여행업계도 위기관리의 중요성을 인식하고 하루 빨리 적절한 기업 위기관리 시스템을 갖출 수 있기를 기대해본다.

세계여행신문 2008년 9월 칼럼

기업의 위기, 반전은 있다

 금융위기에 이은 실물경제의 하락으로 인하여 여행업계가 직격탄을 맞고 있다. IMF사태는 아시안게임이고 현 상황은 올림픽게임 수준이라는 우스갯소리가 나올 정도로 사태의 심각성은 시간이 지날수록 커지고 있다. 과거 수년 동안 여행업계가 내부의 제로섬게임에 이전투구 하였다면 이제는 내부문제와 불안한 외부환경의 결합으로 한치 앞을 내다볼 수 없는 상황이다. 이러다보니 IMF시절에 배웠던(?)대로 많은 기업들이 재빠르게 인원감축과 임금삭감을 통하여 구조조정을 하고 있다. 그야말로 생존을 위한 초강수를 선택하고 있다. 하지만 기업의 위기관리 방법에 있어서 최근의 여행사들의 흐름을 살펴보면 긍정적으로만 볼 수 없다.

최근 증권업계는 글로벌 경기 침체 여파가 3분기 국내 기업들의 실적에 반영되면서 곳곳에서 비명소리도 들리지만 위기를 기회로 활용해 폭발적인 성장을 기록한 상장사들이 있어 주목된다고 발표하였다. 닭을 키워 판매하는 (주)동우는 3분기에 매출액 499억 원, 영업이익 61억 원, 당기순이익 50억 원을 달성했다. 작년 동기 대비 각각 60.21%,

957.86%, 564.13% 늘어났다.

올해 초 국내는 AI^{조류인플루엔자}로 한바탕 난리가 났었다. AI 소식이 퍼지면서 알을 낳은 종계들은 대부분 살처분 되었고, 양계업계 전체가 난리 났다고 방송에서 연일 보도하였다. 설상가상으로 실적에 70% 영향을 미친다는 사료 값은 전년대비 6배 넘게 올라 대부분의 양계업계가 휘청거렸고, 실제로 많은 업체들이 부도를 내었다. 하지만 올해 초 종계들이 살처분 되면서 양계업계 전체가 휘청거리자 동우는 오히려 종계를 늘렸다. AI파동이 진정된 4월 이후 성수기인 7~8월에 닭 수요량이 급증하자 생계가격이 급등했다. 결국 동우는 리스크가 큰 닭 시장의 수급에 잘 대처한 것이 주효하여 대박을 터트렸다.

지금은 잊혀졌지만, IMF 외환위기 시절 벤치마킹으로 우리에게 가장 각광 받았던 기업이 이스트만 코닥^{Eastman Kodak}의 조기 반전 노하우였다. 1980년대까지 사진영상분야 점유율 80%대를 차지하며 시장을 주도하던 세계 초일류 기업 이스트만 코닥은, 90년대 들어서 경영실적이 크게 나빠져 기업이 위기에 빠지자, 위기관리형 리더인 조지 피셔^{George Fisher}를 회장으로 영입하여 불과 1년 만에 회사를 세계적인 기업으로 다시 올려놓는 반전을 만들었다. 조지 피셔 회장은 먼저 기존 사업 중 시너지 효과를 내지 못하는 사업들을 정리하고, 핵심역량을 보유한 사업으로 전 세계 시장을 확대하는 전략을 수행했다. 또한 디지털 이미지 사업에 대한 비전을 세워 디지털카메라와 영상전송 등을 다루는 디지털 기업으로 사업구조를 재조정하여 사업 시행 1년 만에 반전에 성공하게 된다. 하지만 이러한 전략 성공에는 다른 기업들처럼 대대적인 인력감축을 단행하지 않고 경영진과 종업원이 한마음 한뜻으로 뭉쳐 전 직원의 자발적인 지지를 이끌어 내었다는 특징이 있었다.

흔히들 경기가 좋을 때에는 누구나 잘 하기 때문에 기업의 차이가 발견되지 않지만 위기 상황에서는 기업의 성패가 나타난다고 한다. 기업의 위기관리는 종합적인 전략과 함께 세세한 부분까지 터치 할 수 있는 다양한 전술이 필요하다. 하지만 이러한 전략과 전술은 기업이 전사적으로 통일된 위기관리 마인드 위에서 배양되어야 뿌리를 내릴 수 있다. 기업이 어려워진다고 구조조정부터 한다면 직원들의 마음속에서 자발적인 애사심은 기대하기 어렵고 전사적으로 통일된 힘을 구축할 수 없다. 직원들도 마찬가지다. 기업의 생존을 한치 앞도 내다 볼 수 없는 상황인데 강 건너 불 보듯이 건성건성 수익관리를 한다면 기업의 리더들은 힘이 빠지게 된다. 모두가 힘을 한곳에 모아 한통의 전화라도 악착같이 받아 수익으로 연결할 때 조직의 힘은 배가되고 기업의 위기는 저절로 사라질 것이다.

세계여행신문 2008년 11월 칼럼

스타벅스와 여행 상품

회사 동료가 점심비용을 지불하면 대개의 경우 커피 값은
밥을 얻어먹은 사람이 사는 것이 일반적인 관례이다. 하지
만 어떤 경우 배보다 배꼽이 큰 경우가 자주 발생 한다. 가
벼운 가격이었던 커피 값이 밥값을 초과하는 경우가 그러
하다. 즐거움 마음에 점심을 대접했는데 상대방이 커피 값
으로 지불한 비용이 더 많을 때는 오히려 민망하기까지 하
다. 이런 아이러니의 중심에 스타벅스가 있다.

전 세계 6,000여 개 매장에서 고객에게 커피 이상의 것을
판매하고 있는 스타벅스를 경제지 비즈니스 위크는 초고속
성장 글로벌 기업으로 선정하였다. 스타벅스 성공의 핵심
요소는 '완벽한 커피 경험'이다. 스타벅스 회장 하워드 슐츠
Howard Schults는 〈스타벅스, 커피 한잔에 담긴 성공신화〉라는
책에서 "나에게 이탈리아 밀라노에서 열렸던 가정용품 박
람회에서 겪은 경험이 없었다면 현재의 스타벅스는 존재하
지 않을 것이다."라고 말한다. 우연히 들리게 된 에스프레
소 바Expresso Bar에서 하워드 슐츠는 놀라운 경험을 하였다. 그
곳에서 이탈리아인들은 마치 오감을 자극하는 교향곡을 연

주하는 것처럼 커피를 마시며 즐기고 있었던 것이다. 신선한 커피를 가는 모습, 바리스타의 우아한 움직임, 향과 맛이 정교하게 어우러진 커피의 경험은 시애틀 선창가에서 커피 원두를 파는 자신의 가게와는 차원이 다름을 깨닫게 해주었다. 이후 스타벅스는 감성까지 고려된 총체적인 고객 경험을 가치 창출의 수단으로 삼았다. 고객들로 하여금 원가 3센트인 커피에 '가벼운 사치를 즐기는 여유'를 더하여 3달러가 넘는 가격임에도 흔쾌히 구매할 수 있게 하는 것이다.

스타벅스 같은 여행 상품은 없을까? 연일 언론에서는 성수기임에도 불구하고 덤핑 수준의 초저가 상품이 출시되고 있어 여행사들의 수지에 악영향을 미치고 있다고 난리다. 현재 운영되고 있는 대부분의 여행 상품은 고객의 문화적 감성 경험이 반영되지 않고 있다. 많은 상품 기획자들은 초저가 상품이 난무하는 원인을 구조적인 측면에서 찾고 있다. 과점화 되어가고 있는 시장 구조와 이를 뒷받침하는 하드블록과 랜드사와 여행사 그리고 항공사와의 구조적인 문제점에서 해답을 찾으려하고 있다. 하지만 보다 근본적인 원인은 다른 곳에 있는게 아닌지 의문이 든다. 스타벅스의 하워드 슐츠 회장이 3센트짜리 커피에 소비자 경험 중심의 문화적 요인을 접목시켜 3달러에 팔 수 있었던 가치 창출의 원동력을 여행 상품에는 찾아 볼 수 없다.

현재 여행업은 2가지 속성으로 무한 경쟁을 펼치고 있다.

첫 번째는 자판기 숫자 늘리기 전쟁이다. 10여년 전 커피 자판기는 황금알을 낳는 거위와 같았다. 서로 사람의 통행량이 많은 곳에 자판기를 설치하려고 난리였다. 목이 좋았던 곳은 임대료만 연간 천만 원을 호가하던 곳도 있었다. 하지만 지금은 여기 저기 방치되어 있는 자판기를 쉽게 볼 수 있다. 일부 대형여행사들이 간접 판매 방식에서 성공을 이루자 여기저기서 대리점 모집에 혈안이 되어 있다. 직접 판매 위주의 대형여행사들도 대리점 모집에 혈안이 되어있다. 국경 없는 인터넷 시대에 복잡한 유통구조는 수익 악화로 이어질 수 있는 잠재적 부실 요인이 될 수 있다.

두 번째 속성은 무리한 원가 절감이다. 여행 상품의 속성상 원가 절감에는 한계가 있다. 신기술을 개발하여 원가를 절감 할 수 있는 요인은 매우 적다. 그러나 시중에 유통되는 상품 가격은 천차만별이다. 원가에서 차지하는 비중이 가장 큰 항공사와 호텔이 동일한데도 가격이 두 배 이상 차이가 나는 경우가 비일비재하다. 결국 비정상적인 방법으로 원가를 절감하다 보니 소비자에게 부도덕한 기업으로 외면 받게 되는 것이다.

스타벅스처럼 고객들의 감성 경험에서 찾을 수 있는 가치 창출을 여행 상품에 접목시켜보자. 여행 상품에 문화적 요인을 접목시켜 차별화를 시도해 보자. 20세기 최고의 건축가로 인정받는 독일의 루드비히 미즈 반 데어 로헤가 던진 "디테일이 가장 중요하다 God is in the Details"란 말은 우리에게 시사하는 바가 크다. 여행 상품을 구성하는 기본 요소들로 상품을 평가 받으면 고객 감동을 이끌어 내기 어렵고 가치 창출에 한계가 발생한다. 상품을 구성하는 세부 요소에 문화적 감동을 주어야만 차별화와 고부가가치가 동시에 추구할 수 있다.

단지 허기진 배를 채우려 레스토랑에 가지 않는다. 음식 이외의 에너지를 충전시킬 수 있는 감성이 있기에 소비자들은 높은 가격을 주고 멀어도 일부러 찾아간다. 이제 여행 상품은 감성이다.

세계여행신문 2007년 7월 칼럼

아웃바운드 Outbound 는 규제 대상인가?

관광산업을 국가의 성장 동력산업으로 육성하기 위하여 획기적이고 종합적인 '관광산업 경쟁력 강화 대책'이 범정부적 차원에서 발표되었다. 문화관광부를 포함하여 21개 정부 부처가 총 출동하여 만들어진 대책이다. 총 60여 건의 경쟁력 강화 대책으로 구성된 이번 대책으로 정부는 10년 이상 관광 산업계의 숙원이었던 과제가 해소될 것으로 믿고 있는 눈치다. 그동안 〈관광진흥5개년계획〉, 〈C-Korea2010〉등을 통해 관광 진흥을 위한 다양한 대책을 내놓았지만 이번처럼 범정부적 대책이 마련되기는 처음이라고 한다.

하지만, 아웃바운드 Outbound 에서는 몇 가지 아쉬운 부분이 남아있다. 외국인 관광 유치를 통하여 국가의 성장 동력산업으로 관광업을 육성 하자는 방안에는 전적으로 동의하고 지지하지만 아웃바운드에 대한 무관심에 새삼 놀라움과 아쉬움만 남는다. 외국인을 유치하기 위한 인바운드 Inbound 관련업계에는 세제 지원 등 각종 혜택이 주어지지만 아웃바운드로 넘어오면 보호 및 육성 대상이 관련 업체가 아닌 소비자로 바뀐다. 좀 더 자세히 관련 조항을 살펴보면 아웃바운드 부분은 〈여행업의 경쟁력 제고〉부분에 나타난다.

1. 계약방법 구체화, 광고표시 명확화 등
   소비자 피해 방지를 위한 제도적 장치 마련
2. 일반여행업을 종합여행업으로 명칭 변경
3. 신뢰성 있는 정보 제공을 위하여 여행업체 DB구축
4. 여행 보증 보험 기한 만료 전 사전 통보 의무화

혹시 다른 항목에 중첩되어 있나 수차례 반복하여 읽어 보아도 아웃바운드 육성 대책은 찾아 볼 수 없다. 발표된 항목만 놓고 보면 아웃바운드 여행업은 경쟁력 강화 방안이 아니라 규제방안이다. 호텔이나 인바운드같은 업종은 운영자에게 각종 지원과 세제 혜택이 주어지는데 왜 아웃바운드 부분만 찬밥인가? 국민들이 해외 나가는 것을 단순히 외화 유출로만 보고 있는가? 아니면 아웃바운드는 아주 잘 하고 있기 때문에 더 이상 경쟁력을 향상 시킬 필요가 없기 때문인가? 아웃바운드의 경쟁력 강화 부분이 소비자 보호 차원이라면 눈을 다른 곳으로 돌려야 할 것이다.

실질적으로 현지에서 고객서비스를 담당하는 랜드사들을 제도권에 진입 시켜야하고, 항공사의 하드블록 폐지로 업체 간 공정한 경쟁 체제를 구축해야 하며, 여행을 주도하

는 인솔자의 자질 향상을 위하여 정부 차원의 육성 기관을 만들어야 하는 것이 보다 현실적인 소비자 보호 대책이 아닌가?

현재 아웃바운드의 경쟁력은 국제적으로 낙제점수다. 고작 국내에서 자국민들을 상대로 영업하는 가내 수공업 정도의 수준이다. American Express, Expedia, Travelocity같이 전 세계를 호령하는 국제 여행기업들이 좋은 예이다. 11억 인구의 인도에서 아웃바운드 여행사중 1~2위를 차지하고 있는 업체는 스위스에 본사를 둔 Kuoni Travel이고, 중국 굴지의 첨단 여행업은 미국의 자본이 들어가 만든 여행사들이다. 이들은 다시 나스닥에 상장시켜 엄청난 속도로 국제 수준의 여행업에 접근하고 있다. 이런 여행업체와 한국 여행사를 비교한다면 걸음마 단계에 있는 것이 한국 여행업의 현주소다. 아웃바운드도 발상의 전한을 한다면 얼마든지 외화를 획득 할 수 있고 국가 성장 동력의 한 축을 담당할 수 있다. 업체들도 이 수준에 도달하면 소비자는 당연히 국제적으로 용인되는 양질의 서비스를 받을 수 있게 된다. 솔직히 한국 아웃바운드 여행사는 국제무대에 나가면 찬밥 신세다. 마이너 중에서도 마이너다.

범정부 차원에서 마련된 금번 "관광산업 경쟁력 강화 대책"은 관광업 종사원으로서 크게 환영할만한 조치며 외국인 유치와 내수 활성화에 긍정적인 효과가 있을 것으로 기대한다. 하지만 아웃바운드에도 좀 더 애정 어린 관심이 필요하다. 발상의 전환을 통해 국제무대에서도 통하는 아웃바운드 여행사를 육성 할 수 있는 국가적인 통찰과 지원을 기대해 본다.

세계여행신문 2007년 1월 칼럼

카드 수수료 두고 볼 것인가?

지난 한 해 동안 30대 주요 여행기업들이 카드 가맹점 수수료로 지급한 경비가 600억 이상으로 추정되고 있다는 기사로 업계가 술렁이고 있다. 여행 상품은 다른 상품과는 달리 여행 알선을 통한 수수료가 기업의 매출로 잡히고 있으며 이 매출에서 카드 가맹점 수수료, 광고비, 제반 경상비를 제외하고 실제 수익이 산출된다. 각종 모임에서 주요 여행기업 대표자들의 말을 빌리면 각 기업마다 약간의 차이는 있으나 전체 상품 판매액 중 6~7%가 알선수수료로 남는다고 한다. 여행 상품의 속성상 항공료와 현지 지상비의 업체 간 차이가 그다지 크지 않으며, 과당 경쟁 체제로 상품마다 대부분 최저가 수준 이하로 판매되다 보니 이 정도의 알선수수료 범주에서 대부분의 상품이 운영되고 있다고 해도 무방하다. 결과적으로 여행 상품 운영으로 얻게 되는 매출액의 50%를 고객이 카드결제 시 카드 가맹점 수수료로 지불되고 있는 셈이다. 한마디로 재주는 곰이 넘고 돈은 왕서방이 가져가는 꼴이 아닌가?

흔히들 여행업종은 저임금에 기초한 노동 집약적인 산업이라 했다. 그러나 최근엔 여행업계에도 고급 인력이 대거 유입되면서 전문가 집단을 형성하고 있다. 하지만 이들 전문 인력들이 열악한 환경 속에서 연중 절반 이상을 야간 근무를 하며 벌어들이는 매출의 50% 이상을 카드 수수료로 빼앗긴다면 너무 허무한 것 아닌가? 카드사들이 매출 증대에 기여한 공로가 얼마나 된다고 매출의 50%를 제도라는 틀 안에서 가져가는가?

그동안 정부는 투명한 사회를 만들기 위하여 신용카드사용을 장려해왔다. 그 결과 지난 10년 동안 신용카드 사용액은 8배 가까이 증가하였으며 1인당 결제금액도 세계 최고 수준이 되었다고 한다. 반대로 생각하면 이런 환경이 조성되기까지 카드 사용을 장려하기 위한 여러가지 규제가 뒤따랐을 것은 불 보듯 뻔한 사실 아닌가? 신용카드를 사용하지 말자는 논지가 아니라 신용카드를 사용 할 수 있는 환경을 조성하자는 주장이다. 카드 가맹점 수수료의 실상을 들여다보면 피가 거꾸로 솟는 느낌이다. 골프장 카드 수수료 1.5%, 항공사 1.6~2%, 대형 할인점, 종합병원 같은 대형 업체의 수수료는 매출액의 1.5~2%, 의원과 약국 2.4~2.7%인데 여행업은 3~4% 수준이다. 눈을 돌려 외국의 경우를 살펴보면 프랑스 0.8%, 벨기에 1.5%, 영국 1.7%, 호주 1%정도이다. 국내 경우와 비교하면 차이가 나도 너무 난다. 이 정도면 카드사들이 내세우는 논리는 도둑이 도둑질을 하고 나서 '대문이 열려 있어 물건을 그냥 들고 나온 것이지 훔친 것은 아니다'고 주장하는 것과 별반 다를 것이 없어 보인다. 여행업종에서 매출의 50% 정도를 수수료로 징수하는 것은 세금보다도 더 무서운 존재이며 횡포에 가깝고 이를 계속해서 방치하는 정부는 공모자라 하여도 지나치지 않다. 지난해 카드사들은 매출이 아닌 순이익으로 물경 2조 원을 넘어 섰다고 한다.

지난 2월 27일 여의도에서 주목할 만한 집회가 열렸다. 집회에는 민주노동당이 한국음식업중앙회, 대한미용사회중앙회, 한국귀금속판매업중앙회, 한국서점조합연합회, 한국주유소협회, 대한안경사협회와 연대하여 카드 수수료 인하 운동을 펼쳤다. 이어 4월 민주노동당 노회찬 의원과 열린우리당 이미경 의원은 각각 신용카드 수수료 인하 관련 법안을 제출했다.

금감원은 6월중 카드 수수료에 대한 연구 용역의 결과를 제출받아 이후 업종별 수수료 표준안을 만들겠다고 한다. 카드사의 맏형격인 BC 카드는 7월 중 일부 업종에 대하여 카드 수수료를 낮추겠다고 발표했다.

하지만 그 어느 곳에서도 여행업종에 대한 언급은 나오지를 않고 있다. 지금 업계를 대표하는 여러 협회에서 우리의 생존과 연관된 카드 수수료에 인하를 목전에 두고 무엇을 하고 있는지 묻고 싶다. 물론 생존권이 걸린 문제인 만큼 백방으로 뛰어 다니고 있다고 믿고 싶다. 하지만 그 어느 곳에서도 업계의 소리는 들리지 않으니 답답하기만 하다. 카드 수수료 문제로 세상이 시끄러운 지금, 우리는 무엇을 하고 있는가? 능력이 부족한 것보다 더욱 어리석은 일은 기회를 놓치는 것이다.

세계여행신문 2007년 5월 칼럼

여행 상품 운영으로 얻게 되는 매출액의 50%를
고객이 카드결재 시 카드 가맹점 수수료로 지불되고 있다.
여행업계의 전문 인력들이 열악한 환경 속에서
연중 절반 이상 야근하여 벌어들인 수익 중 50% 이상을
카드수수료로 빼앗긴다면 너무 허무한 것 아닌가?

단체배낭여행 브랜드 '단체배낭'

OUT OF KOREA

만약 누가 나에게 지난 시간동안 네가 한 일 중 가장 잘 한 일을 손꼽으라면 주저 없이 나는 '단체배낭'여행을 만든 일이라고 말한다. 만약 누가 나에게 지난 시간 동안 네가 한 일 중 가장 후회할 일을 손꼽으라면 나는 주저 없이 '단체배낭'여행을 비즈니스 모델로 특허를 내지 못한 것이라고 말한다. 하지만 여행업에 들어와 줄곧 이 상품으로 밥 먹고 살았고, 정식 직원만 100명이 넘는 회사를 운영하게 되었으니 한편으로는 "휴~우, 그나마 다행이다"라고 말한다.

혹자는 "단체배낭은 보통명사인데 어떻게 브랜드 스토리가 있을 수 있지?"라고 반문할 수도 있다. 분명한 것은 '단체배낭'은 고유명사였다. 창업하기 전 아주관광이란 회사에 근무할 때 만든 배낭여행의 브랜드명이었으며, 좀 더 엄격하게 말하면 이 상품의 비즈니스 모델은 대학을 졸업하고 처음 취직한 서울항공에서 근무할 때 만들었다.

서울항공에 입사 후 그해 겨울 처음 내손으로 만든 상품이 단체배낭여행의 비즈니스 모델인 '수퍼투어'였다. 해외여행 자유화가 막 시작된 시기여서 '해외여행 = 사치여행'라는 등식이 성립하던 시기였고, 지금은 일간지의 주요 수입원이 여행사 광고지만 그 당시에는 여행상품을 신문에 광고를 내면 국민 위화감 조성 때문에 눈치를 봐야 하는 매우 조심스러운 시기였다.

패키지여행상품도 이제 막 한국에 출시되기 시작한 시기이니 전 국민이 해외여행 초보였던 시절이었다. 이 시기 대학생들의 해외여행은 '문화연수'라는 브랜드로 포장되어 학술진흥재단 또는 대학이나 기관에서 보내주는 수요가 대부분이었다.

　　많은 사람들이 나보고 배낭여행 1세대라고 말한다. 엄밀히 말하면 다른 배낭여행 1세대들은 황규만, 나한성, 김정미씨처럼 자비로 어렵게 해외 배낭여행을 한 후 한국에 배낭여행 문화를 전파한 사람들이고, 시기적으로는 비슷하지만 나는 회사에 입사하여 배낭여행이란 상품을 처음 개발하여 회사 돈으로 배낭여행을 한 후 배낭여행상품을 한국에 전파한 사람이다. 둘 사이에 분명 미묘한 차이가 있다.

배낭여행자에게 여행사에서 판매할 수 있는 것은 항공권, 유레일패스, 보험 정도이며, 그 수익은 당시로서는 매우 미미한 수준으로 여행사에 기여도가 매우 낮았다. 여행사에서 6개월 정도를 근무하니 소비자의 니즈(Needs)가 보이기 시작하였다. 전 국민 해외여행 초보 시절에 혼자서 배낭여행하기에는 분명히 무리라는 생각이 들었다. 배낭여행하면서 묵게 되는 유스호스텔이 당시에는 사전 예약도 되지 않았고, 유스호스텔 숫자도 그리 많지 않아 숙소 잡기가 어려워 노숙하는 일이 비일비재하였고, 더욱이 영어가 짧은 한국 사람이 펜션 값을 깎아가며 여행하기에는 역부족이란 생각이 들었다. '이런 여행은 아직 무리다'라는 결론에 도달하자 무엇인가 돌파구를 찾아야겠다는 생각이 머릿속에서 떠나지를 않았다.

그해 여름 유럽에 투어 컨덕터(T/C)로 출장을 갔다. 스위스 취리히 중앙역을 지나다 기차역을 잘 몰라 방황하는 한국인 여행자들을 만난 순간 전광석화처럼 한줄기 빛이 지나갔다. 만약, 단체로 항공권을 예약하고, 숙소도 단체로 예약하고, 여행자 대부분이 초보여행자인 걸 감안해서 비행기를 탈 때, 도시 간, 국가 간 이동할 때 인솔자가 동행하여 도와준다면 배낭여행이 얼마나 편리해질 수 있을까? 출장에서 돌아와 개별항공권과 단체항공권의 가격차이, 단체로 예약할 경우 호텔요금 등을 체크한 순간 한동안 흥분되어 일이 손에 잡히지 않았다. 항공요금은 거의 절반으로 떨어지고, 호텔요금도 절반 이하로 가격이 떨어졌다.

　　이렇게 배낭여행 상품을 구성하니 가격은 "문화연수"의 절반 수준이고, 혼자 가는 개별여행 상품과 비교해도 유스호스텔 경비로 호텔에서 숙박할 수 있는 수준이었다. 회사의 윗분들과 상의하니 상품을 구성하여 판매해 보라는 지시가 내려왔다. 상품이 만들어지자 회사의 윗선에서 브랜드명을 수퍼투어(Super Tour)로 정해 주었다.

왠지 브랜드명이 귀에 잘 들어오지 않았지만, 내가 만든 상품이 출시된다는 기대감에 앞뒤 가리지 않고 상품을 시장에 내놓았다. 하지만, 시장에서의 반응은 매우 미비하였다. 문화연수와 개별배낭여행 시장 사이에서 쉽게 자리 잡지 못했다. 아직 배낭여행이 한국에 들어온 지 얼마 되지 않아 소비자의 인식이 매우 부족하였다. 이를 타개하기 위하여 직접 배낭여행 정보책자를 쓰기로 작정하였다. 그러나 책이 출간될 즈음 저작권 문제로 회사와 마찰음이 발생하였다. 사표를 내고 집에서 두문불출 하루 3시간만 잠을 자면서 다시 유럽 정보책자를 썼다. 이 책이 다음해 한국인 쓴 최초의 유럽 정보책자인 '유럽'으로 출판되었다. 이 책은 당시 내 월급의 두 배 정도의 수익을 안겨주었다.

다시 아주관광이라는 회사에 입사하여 기획조정실에서 근무하게 되었다. 하지만 상품을 기획하고 수배하는 부서라 소비자와의 대면이 없었다. 그렇게 반년이 지난 후 영업부로 보내달라고 회사에 청원하였다.

영업부로 돌아와 처음으로 한 일이 다시 배낭여행 상품을 출시하는 일이었다. 먼저, 그동안 찜찜하게 여겼던 브랜드명을 바꾸는 일부터 시작했다. 상품의 특징을 잘 설명하면서 한번 들으면 잊히지 않을 이름이어야만 했다. 영업직에서 1년가량 떠나 있으면서 이 문제를 고민하다가 '단체배낭' 으로 브랜드명을 바꾸기로 결정했다. 회사에 요청하여 포스터 5천 부를 인쇄하였다. 만약, 이 상품이 뜨지 않으면 어떻게 하나 고민이 많았지만 회사에서는 당시 '문화연수'가 워낙 잘 팔리고 있었고, 배낭여행이라는 아이템이 수익이 나지 않는다고 알고 있어서 크게 신경 쓰지 않는 눈치였다.

포스터 부착 후 1개월이 지나자 시장의 반응이 나타났다. 배낭여행에 단

,라는 단어가 붙으니 소비자가 헷갈려하고, 배낭여행인지, 단체여행인
지. 정체성이 모호한 듯 했다. 어차피 엎질러진 물, 소비자가 헷갈려하는
부분을 해소시켜주기 위하여 단체배낭여행이 무엇인지 설명해주는 소책
자를 제작키로 하였다. 광고에서 말하는 소비자 '설득'이 필요한 상품이
었다. 〈단체배낭여행이란 무엇인가〉를 알려주는 소책자 1만부를 제작하
여 대학가에 뿌렸다.

　　상품 출시 2개월 후, 시장에서의 반응은 빠르고 폭발적이었다. 단체
배낭여행 상품이 출시된 지 2년 만에 그동안 대학생들의 여행상품이었던
'문화연수'라는 상품은 시장에서 퇴출되고, 그 자리를 단체배낭여행이 차
지하게 된 것이다. 단체배낭여행이 시장에서 폭발적인 반응을 나타내자
경쟁사들도 상품 베끼기에 혈안이 되었다. '단체배낭여행'이라는 브랜드
를 2년간 단독으로 사용하다가 보통명사로 시장에 개방해 주었다. 더 큰
시장을 만들어 여행사들이 같이 먹고 살았으면 하는 바람에서 다른 여행
사들이 사용할 수 있도록 눈감아 주었다. 이후 단체배낭여행에서 인솔자
가 빠진 상품으로 호텔팩 배낭여행이 출시되었고, 배낭여행이 출시된 지
20년이 지났지만 이 상품들은 지금도 한국여행시장에서 연간 250억 원
의 수익을 거둬들이는 불후의 베스트셀러로 자리 잡고 있다.

시간이 지나면서 여행업에 종사하는 후배들은 단체배낭여행이 본래부터
배낭여행 상품의 한 종류인 걸로 알고 있다. 대답은 NO! '단체배낭여행'은
20년 전 이진석이 만든 상품의 브랜드명이다. '수퍼투어'에서 '단체배낭'
으로 이름 하나 바꾸었을 뿐인데 쪽박상품이 대박상품으로 변한 것이다.

랄랄라, 빛을 보다

1판 1쇄 인쇄 | 2009년 12월 5일
1판 1쇄 발행 | 2009년 12월 15일

글쓴이 | 이진석
교정·교열 | 배수지
편집디자인 | 박보슬
일러스트 | 디바이드@고성미

펴낸이 | 고봉석
펴낸곳 | 이서원

주소 | 137-906 서울시 서초구 잠원동 44-17 서광아트빌딩 3층
전화 | 02-3444-9522
팩스 | 02-516-9879
전자우편 | iseowon@iseowon.com
홈페이지 | www.iseowon.com
출판등록 | 제22-2935호 (2006-06-01)

값 | 10,000원
ISBN | 978-89-962485-3-8